DIÄT HEUTE
ärztlich geprüft · gut gekocht

Herausgegeben von Prof. Dr. N. Zöllner
und Prof. Dr. G. Wolfram

FALKEN BÜCHEREI

Thienemanns Diätkochbücher im Falken-Verlag

DIÄT HEUTE
ärztlich geprüft · gut gekocht

Prof. Dr. med. Christiane Keller

Diät bei Übergewicht

Einführung von
Prof. Dr. med. Christiane Keller
Fachärztin für Innere Medizin an der
Universität München

Rezeptteil von Brigitte Zöllner, Diätassistentin und Redakteurin
München

FALKEN VERLAG

DIÄT HEUTE

ärztlich geprüft · gut gekocht

Herausgegeben von Prof. Dr. N. Zöllner und
Prof. Dr. G. Wolfram

Lieferbare Titel:

Band 1 Diät bei Krankheiten des Magens und Zwölffingerdarmes (3201)

Band 2 Diät bei Herzkrankheiten und Bluthochdruck (3202)

Band 3 Diät bei Erkrankungen der Nieren, Harnwege und bei Dialysebehandlung (3203)

Band 4 Richtige Ernährung, wenn man älter wird (3204)

Band 5 Diät bei Gicht und Harnsäuresteinen (3205)

Band 6 Diät bei Zuckerkrankheit (3206)

Band 7 Diät bei Krankheiten der Gallenblase, Leber und Bauchspeicheldrüse (3207)

Band 8 Diät bei Störungen des Fettstoffwechsels und zur Vorbeugung der Arteriosklerose (3208)

Band 9 Diät bei Übergewicht (3209)

Band 11 Diät bei Darmkrankheiten (3211)

Band 12 Ballaststoffreiche Kost bei Funktionsstörungen des Darms (3212)

CIP-Titelaufnahme der Deutschen Bibliothek

Keller, Christiane:
Diät bei Übergewicht / Einf. von Christiane Keller. Rezeptteil von Brigitte Zöllner. – 28. Auf. – Niedernhausen/Ts.: Falken-Verl., 1988.
(Diät heute) (Falken-Bücherei)
(Thienemanns Diätkochbücher)
ISBN 3-8068-3209-9

NE: Zöllner, Brigitte:

ISBN 3 8068 3209 9

Titelbild: TLC-Foto-Studio GmbH, Bocholt
Fotos: TLC-Foto-Studio GmbH, Bocholt

Satz: LibroSatz, Kriftel b. Frankfurt
Druck: Freiburger Graphische Betriebe, Freiburg

817 2635 4453 6271

Inhalt

Diät bei Übergewicht

Einleitung

Das Übergewicht ist eine der am weitesten verbreiteten Krankheiten, ein „schwerwiegendes" Problem für viele Menschen, das aber häufig erst durch seine Folgekrankheiten als Krankheit erkannt wird.

In Deutschland sind 37% aller Frauen, 33% aller Männer und jedes fünfte Kind übergewichtig. Von diesen Kindern werden etwa 80% dicke Erwachsene.

Der Energiebedarf hat in den letzten 50 Jahren ständig abgenommen, da die tägliche Arbeit immer weniger kräftezehrend geworden ist, die Fortbewegung im Auto erfolgt und die meisten Freizeitbeschäftigungen keinen sehr großen Kräfteaufwand erfordern. Darüber hinaus ist das heutige Lebensmittelangebot sehr reichhaltig und verführt zu übermäßigem Konsum.

Während es **früher 80% Schwerarbeiter** in unserer Gesellschaft gab, sind es **heute 60% Leichtarbeiter**, unsere Eßgewohnheiten und die Höhe der Energiezufuhr stammen noch aus der Zeit der Schwerarbeiter.

Übergewicht und seine Folgen

Das Übergewicht ist ein Problem der unausgewogenen Energiebilanz. Es entsteht, wenn die Energiezufuhr den Bedarf an Energie zur Erhaltung der Körpersubstanz oder für Wachstum und für körperliche Aktivitäten übersteigt. Als Folge kommt es zu einer vermehrten Bildung von Fett, in Form von Triglyceriden, das im Fettgewebe gespeichert wird. Dabei kann das Fettgewebe gleichmäßig im Körper verteilt sein, es kann aber auch an umschriebener Stelle abgelagert werden. Für die Lokalisation spielen möglicherweise hormonelle Faktoren eine Rolle.

Beim Erwachsenen geht die Zunahme oder Abnahme des Körpergewichtes vorwiegend mit einer **Vergrößerung oder Verkleinerung der Fettzellen** im Fettgewebe einher, während in der Kindheit auch die **Zahl der Fettzellen** zunimmt. Man folgerte, daß Fettzellen im Erwachsenenalter weder neu gebildet werden noch verschwinden können, daß aber die Zahl der Fettzellen im Kindesalter durch das Ausmaß der Nahrungszufuhr festgelegt wird, wodurch ein dickes Kind auch zwangsläufig ein dicker Erwachsener werden müsse. Die Theorie mit diesen Schlußfolgerungen ist bisher nicht bewiesen worden.

Die **Folgen** des Übergewichtes für die spätere Gesundheit sind nicht zu übersehen. Dicke leiden vermehrt an Stoffwechselkrankheiten, wie der **Zuckerkrankheit**, der **Gicht** oder an **Fettstoffwechselstörungen**. **Herz-** und **Kreislauferkrankungen, Herzinfarkt** und **Bluthochdruck** sind überdurchschnittlich häufig. **Abnutzungserscheinungen** an der Wirbelsäule und den großen Gelenken (Hüfte, Knie) oder Plattfüße, **Krampfadern und Eingeweidebrüche** treten bei Übergewichtigen öfter als bei Schlanken auf. Die alte Volksweisheit gilt weiterhin: „Viele Dicke haben es schwer, aber viele Krankheiten haben es leicht mit den Dicken".

Dicksein ist nicht vererbt, es ist kein „Schicksal", sondern das Ergebnis von zu großer Energiezufuhr, die den Energiebedarf übersteigt.

Was ist Übergewicht?

Wie schon gesagt, ist das Übergewicht ein Bilanzproblem. Der Körper speichert den Energieüberschuß aus der aufgenommenen Nahrung in Form von Fett im Fettgewebe.

Von Übergewicht spricht man, wenn das **Sollgewicht** überschritten wird. Steigendes Körpergewicht bedingt eine Zunahme der Erkrankungshäufigkeit und der Todesfälle an den oben angeführten Erkrankungen. Um dieses Risiko zu vermindern, ist Übergewichtigen dringend zu raten, abzunehmen. Durch eine Normalisierung des Gewichtes sind Stoffwechselkrankheiten oder eine mäßige Hypertonie (Bluthochdruck) meistens schon ausreichend behandelt.

Maßeinheiten für den Energiegehalt der Lebensmittel

Der Energiegehalt eines Lebensmittels wurde bisher in der physikalischen Wärmeeinheit **Kilokalorie (kcal)** gemessen. Seit 1978 gilt daneben die Einheit **Kilojoule (kJ)** (sprich „dschuul").

Der Umrechnungsfaktor von Kalorie in Joule beträgt 4,184 (abgerundet 4,2), dies bedeutet, **1 Kilokalorie = 4,2 Kilojoule**. Im Haushalt genügt es, mit dem Faktor 4 zu rechnen. Alle in diesem Buch angegebenen Zahlen sind mit 4,2 berechnet und auf- oder abgerundet.

Der Energiebedarf

Der Energiebedarf des Menschen berechnet sich aus **Grund-** und **Leistungsumsatz**. Der Grundumsatz dient der Aufrechterhaltung unserer Körperfunktionen und umfaßt die Energiemenge, die die Organe ohne Verdauungsleistung für ihre Arbeit benötigen. Er beträgt 1200 bis 1700 kcal (5000 bis 7100 kJ) in 24 Stunden, in Abhängigkeit vom Alter, dem Geschlecht und der Größe der Körperoberfläche. Jede Form der körperlichen Betätigung erfordert darüber hinaus zusätzliche Energie, für verschiedene Tätigkeiten unterschiedlich viel. Dieser Energiebedarf wird als Leistungsumsatz bezeichnet. Aus der folgenden Aufstellung wird deutlich, wie gering der Energiebedarf für viele Tätigkeiten ist und wie leicht man seinen Energiebedarf überschätzen kann.

Tätigkeit	Energiebedarf/Stunde kcal	kJ
Autofahren (Stadtverkehr)	190	800
Bettenmachen	250	1050
Fensterputzen	200	840
Radfahren	170	720
Staubsaugen	190	800
Skilaufen (Abfahrt)	900	3600
Tanzen (Rumba)	420	1760
Wäsche aufhängen	300	1260

Bestimmung des Normalgewichtes

Ein Normalgewichtiger hat etwa 10 kg Fettgewebe. Das Körpergewicht gibt in Relation zur Körpergröße nur einen Hinweis auf bestehendes Übergewicht, ausschlaggebend für die Beurteilung ist die Menge Fett im Körper. Ein körperlich schwer arbeitender Mensch kann aufgrund seiner größeren Muskelmasse einige Kilogramm mehr wiegen als ein Normalgewichtiger und ist trotzdem nicht übergewichtig.

Die **Bornhardtsche Formel** zur Berechnung des Normalgewichtes berücksichtigt die Körperstatur (durch den Brustumfang) und ergibt einen genauen Wert:

Körpergewicht (kg) =

$$\frac{\text{Körpergröße (cm)} \times \text{Brustumfang (cm)}}{240}$$

Ferner ergibt die Hautfaltendicke ein gutes Maß. Beim Normalgewichtigen haben Falten an der Rückseite des Oberarmes und unterhalb des Schulterblattes die gleiche Stärke. Die **Brocasche Formel** zur Berechnung des Normalgewichtes ist einfach, aber ziemlich ungenau,

Körpergewicht (kg) =
Körpergröße (cm) — 100

Für Männer müssen von dem Ergebnis bis zu 10%, für Frauen bis zu 15% abgezogen werden, um zum **Idealgewicht** zu kommen.

Energielieferanten

Als Energielieferanten dienen uns die Hauptnährstoffe **Eiweiß, Kohlenhydrate** und **Fett**.

Ein vierter wichtiger Energielieferant ist der **Alkohol**, der heute im Durchschnitt 8% der zugeführten täglichen Energiemenge der Erwachsenen liefert.

Eiweiß ist in allen tierischen und pflanzlichen Lebensmitteln enthalten, besonders reichlich in Fleisch, Fisch, Milch und Milchprodukten, Eiern, in geringerer Menge auch in Hülsenfrüchten und einigen Brotsorten.

Ein Gramm Eiweiß liefert 4,1 kcal (17,2 kJ).

Der Körper benötigt Eiweiß vor allem zum Aufbau von Körpersubstanz. Für die Energiegewinnung spielt dieser Nährstoff eine untergeordnete Rolle. Die tägliche Eiweißzufuhr soll 10 bis 15% der Gesamtenergiezufuhr betragen, bei Erwachsenen etwa 0,8 g/kg Körpergewicht/Tag, bei Kindern und Jugendlichen etwa 3,5 bis 1,5 g/kg. Durchschnittlich beträgt heute die Energiezufuhr aus Eiweiß 10 bis 12%. Die tägliche Eiweißzufuhr über 15% hinaus zu steigern ist problematisch, da die meisten eiweißreichen Lebensmittel gleichzeitig einen hohen Anteil verstecktes Fett enthalten. Auch das magerste Fleisch enthält noch 10% davon.

Kohlenhydrate sind die Nährstoffe, deren Energie für den Organismus am schnellsten verfügbar ist. Sie kommen als einfache Zucker (Trauben-, Frucht-, Rohr-, Rüben-, Malz-, Milchzucker) oder als komplexe, aus einfachen Zuckern aufgebaute Kohlenhydrate vor (Stärke, Glykogen, Zellulose). Einfache Zucker kommen in Backwaren, Süßigkeiten, Honig, Marmeladen, süßen Getränken oder Obst vor, die komplexen in Getreide und Getreideprodukten, Kartoffeln, Obst und Gemüse. **1 g Zucker (Traubenzucker) liefert 4,1 kcal (17,2 kJ)**, also genausoviel wie ein Gramm Eiweiß, jedoch werden Kohlenhydrate vollständig abgebaut und stellen eine effektivere Energiequelle dar. 50 bis 55% der täglichen Energiezufuhr sollten aus Kohlenhydraten bestehen, tatsächlich sind es aber in unserer Bevölkerung nur etwa 40%. Den komplexen Kohlenhydraten, die langsam verdaut werden und ein länger anhaltendes Sättigungsgefühl hervorrufen, sollte gegenüber Zucker der Vorzug gegeben werden. Zucker ist kein lebensnotwendiger Nährstoff, sondern nur ein unnötiger Energielieferant. Man bezeichnet ihn deshalb auch gern als Lieferanten „leerer Kalorien“. Im Überschuß aufgenommener Zucker wird im Körper in Fett umgewandelt und gespeichert.

Fett liefert die meisten Kalorien, nämlich **9,3 kcal (39,1 kJ) pro Gramm**, also mehr als doppelt soviel wie 1 g Eiweiß oder Kohlenhydrate und sogar mehr als Alkohol. Im Gegensatz zu Eiweiß oder Kohlenhydraten wird bei der Speicherung von Fett kaum Wasser benötigt, so daß in einem kleinen Volumen viel Energie gespeichert werden kann. Überschüssiges Fett wird in allen Organen des Körpers abgelagert und erfüllt neben der Aufgabe des Energiespeichers auch Funktionen des Wärmeschutzes und des Pufferns mechanischer Einflüsse. Fett besteht aus

Glycerin, gesättigten und ungesättigten Fettsäuren. Die gesättigten Fettsäuren sind vorwiegend in tierischen, die ungesättigten in pflanzlichen Fetten enthalten. Das Nahrungsfett sollte **30 bis 35% der Gesamtenergiezufuhr** keinesfalls überschreiten, beträgt bei den heutigen Ernährungsgewohnheiten aber 40 bis 45%. Hier versteckt sich ein großer Anteil unnötiger Kalorien. Deshalb darf allerhöchstens die Hälfte des täglichen Nahrungsfettes aus sichtbarem Fett, Koch- und Streichfett, bestehen. Das nicht sichtbare, versteckte Fett wird mit Fleisch und Fleischerzeugnissen, Fisch, Milch, Käse, Backwaren oder Süßigkeiten, wie Schokolade, aufgenommen. Die meisten Wurstsorten sind hier besonders zu nennen, da der Anteil des versteckten Fettes besonders hoch und unkontrollierbar ist.
Die **ungesättigten Fettsäuren** in unserer Nahrung haben eine besondere Bedeutung erlangt: Sie senken die Cholesterinkonzentration im Blut. **Cholesterin**, das in der Nahrung ausschließlich mit tierischen Lebensmitteln aufgenommen wird, hat im Körper sehr wichtige Aufgaben zu erfüllen. Deshalb stellt es der Körper selber im Überschuß her und ist nicht auf die Zufuhr von außen angewiesen. Der erhöhte Cholesterinspiegel, den man bei Übergewichtigen fast immer findet, hat einen ungünstigen Einfluß auf die Entstehung und Ausdehnung der Arteriosklerose der Blutgefäße. Deshalb soll die Cholesterinzufuhr mit der Nahrung möglichst niedrig sein. Pflanzenfette wie Maiskeimöl, Sonnenblumenöl oder Distelöl (Saffloröl) sind tierischen Fetten vorzuziehen. Kokosfett enthält dagegen kaum ungesättigte Fettsäuren, auch Olivenöl hat relativ viel gesättigte Fettsäuren.

Alkohol ist ein Energielieferant ohne Nährwert, das bedeutet, er liefert „leere Kalorien"; er muß für das Übergewicht vieler Menschen verantwortlich gemacht werden. **1 g Alkohol liefert 7,1 kcal (29,8 kJ)**, fast doppelt soviel wie Eiweiß oder Kohlenhydrate.
Wichtig ist zu bedenken, daß der Feind Nummer Eins in der heutigen Ernährung die Energielieferanten sogenannter „leerer Kalorien" sind – **Zucker, tierische Speisefette und Alkohol.**

Wasser liefert keine Energie, der tägliche Bedarf liegt bei **1 bis 2 Litern**. Neben Getränken nimmt man mit „fester" Nahrung 60 bis 70% seines täglichen Bedarfes an Wasser auf. Bei Abmagerungsdiäten, bei denen die Nahrungszufuhr geringer als gewohnt ist, muß deshalb mehr Wasser zugeführt werden, um das Flüssigkeitsgleichgewicht des Körpers aufrechtzuerhalten. Die früher propagierte Flüssigkeitsbeschränkung während der Gewichtsreduktion ist abzulehnen.

Vitamine sind für einen geregelten Stoffwechselablauf notwendig und liefern keine Energie. Sie werden mit der Nahrung aufgenommen. Viele von ihnen sind hitze- und lichtempfindlich oder werden leicht ausgelaugt. Frisches Obst und Gemüse sind die besten Vitaminlieferanten. Während einer strengen Abmagerungskur muß man die Vitamine in Form eines Präparates zu sich nehmen.

Wie nimmt man ab?

Erster Schritt

Beantworten Sie sich ehrlich folgende Fragen:
Warum haben Sie zugenommen?
Essen Sie jetzt mehr als früher, essen Sie häufiger?
Haben Sie frühere sportliche Aktivitäten aufgegeben?
Haben Sie nach einer Schwangerschaft Ihr früheres Gewicht nicht wieder erreicht?
Die Suche nach möglichen Hintergründen macht es Ihnen leichter, den überflüssigen Pfunden zu Leibe zu rücken.

Zweiter Schritt

Berechnen Sie Ihr Normalgewicht nach der auf Seite 8 angegebenen Formel und wiegen Sie sich jeden Morgen unbekleidet.
Wiegen Sie sich in Zukunft täglich, und vermerken Sie das Gewicht auf einer Tabelle, die Sie über Ihre Waage hängen. Sie können so Veränderungen leichter nachvollziehen und haben Ihre Erfolge ständig vor Augen. Behalten Sie die tägliche Gewichtskontrolle auch nach der Normalisierung des Körpergewichts bei.

Dritter Schritt

Führen Sie ein Ernährungsprotokoll, schreiben Sie alles auf, was Sie essen. Dafür müssen Sie jedes Lebensmittel genau wiegen.
Berechnen Sie die Kalorien Ihrer Mahlzeiten nach einer verläßlichen Nährstofftabelle. Bei leichter körperlicher Tätigkeit im Alter von 19–35 Jahren liegt der **Energiebedarf von Frauen bei etwa 2200 kcal pro Tag** und für **Männer bei 2600 kcal.** Im Alter von 36–50 Jahren sinkt der Bedarf bei Frauen auf 2000 kcal und bei Männern auf 2400 kcal pro Tag. Ihre tatsächliche Energiezufuhr können Sie mit diesen Empfehlungen vergleichen und können so ermitteln, wieviel Energie Sie täglich einsparen müssen, um abzunehmen. Setzen Sie sich ein Ziel.
1 kg körpereigenes Fettgewebe hat einen Energiegehalt von etwa 7000 kcal (29 400 kJ). Hält man zum Beispiel die später angeführte 300-Kalorien-Diät ein, beträgt der tägliche Gewichtsverlust etwa 350 Gramm.

Vierter Schritt

Kaufen Sie nach einem vorher festgelegten Plan mit abgezähltem Geld ein und lassen Sie sich nicht von Sonderangeboten verführen. Gehen Sie nie mit leerem Magen einkaufen.
Lassen Sie für sich zwei Regeln gelten: Essen Sie so wenig, aber so gut wie möglich.
Kaufen Sie gezielt fettarmen Käse, wie zum Beispiel Handkäse oder kalorienreduzierte Sorten, und mageres Fleisch. Dies ist meist etwas teurer, doch wenn Sie nicht jeden Tag eine Fleischmahlzeit zubereiten, sondern auch Gemüsetage einplanen, gleicht sich dies schnell wieder aus und hilft, Kalorien zu sparen.
Legen Sie zu Hause keine Lebensmittelvorräte an und lagern Sie zum Beispiel Konserven an einem entfernten Ort, wie

dem Keller. Chips, Schokolade oder ähnliches sollten Sie nie im Hause haben. Kochen Sie so, daß keine Reste bleiben.

Fünfter Schritt

Informieren Sie die Familie und Freunde von Ihrem Vorhaben, und bitten Sie um Unterstützung.
In Lokalen empfiehlt es sich, aus der Vorspeisen- und Salatkarte auszuwählen, Getränke sollten alkoholfrei und kalorienarm sein. Mineralwasser, Kaffee oder Tee ohne Zucker stören Ihren Diätplan nicht.

Sechster Schritt

Verteilen Sie die erlaubten täglichen Kalorien auf fünf oder mehr kleine Mahlzeiten, das beugt einem bohrenden Hungergefühl gut vor. Eine Tasse Kaffee, ein Glas Mineralwasser oder ein kleines Stück Möhre oder Gurke helfen in der ärgsten Bedrängnis.

Siebter Schritt

Verlassen Sie den üblichen Rhythmus dreier großer Hauptmahlzeiten. Teilen Sie Ihre eigenen Portionen schon in der Küche zu.
Nehmen Sie Ihre Mahlzeit nur an einem fest vorgesehenen Eßplatz ein, auch wenn es eine noch so kleine Zwischenmahlzeit ist. So können Sie sich ausschließlich Ihrem Essen widmen.
Essen Sie wenigstens zwanzig Minuten lang, kauen Sie gründlich und legen Sie nach Möglichkeit häufiger das Eßbesteck nieder.
Meiden Sie während des Essens intensive Unterhaltung, Radio, Fernsehen oder Zeitunglesen, denn dabei passiert es leicht, daß Sie durch die Ablenkung unkontrolliert zuviel essen.

Achter Schritt

Belohnen Sie sich am Ende jeder Woche, in der Sie Ihr vorgesehenes Ziel erreicht haben, aber belohnen Sie sich niemals mit Essen!

Neunter Schritt

Bewegen Sie sich mehr als bisher, nehmen Sie frühere sportliche Aktivitäten wieder auf. Überlegen Sie, welche Sportart Sie gern betreiben und suchen sich nach Möglichkeit eine Gruppe – gemeinsam macht Bewegung mehr Spaß. Gehen Sie sooft Sie können zu Fuß, statt mit dem Wagen zu fahren.
Meiden Sie Aufzüge, steigen Sie statt dessen Treppen aus eigener Kraft.
Machen Sie täglich einmal Gymnastik, auch wenn es am Anfang mühevoll ist.

Zehnter Schritt

Lassen Sie nach 10 Pfund erfolgreicher Gewichtsreduktion Ihre Garderobe ändern, damit der wieder sitzende Rock- oder Hosenbund Sie an erneutem Zunehmen hindert!

Die im folgenden angeführten Diätpläne geben Beispiele für Diäten mit sehr unterschiedlichem Energiegehalt.

Eine **300-Kalorien-Diät** stellt eine sehr eingreifende Verminderung der bisher gewohnten Energiezufuhr dar, erfordert daher auch eine strenge Disziplin, wenn sie mehrere Tage bis einige Wochen eingehalten werden soll. Sie sollte nur dann durchgeführt werden, wenn der behandelnde Arzt den Patienten vorher untersucht hat und mit einer strengen Abmagerungskur einverstanden ist. Hat der behandelnde Arzt keine Bedenken, dann kann der Patient über Wochen nach diesem Plan leben, und, wie er bald feststellen wird, ohne Einschränkung seiner Leistungsfähigkeit. Es ist empfehlenswert, nach einer Woche Diät ein Multivitaminpräparat einzunehmen.
Der Nährstoffgehalt der hier vorgelegten Rezepte ist im Hinblick auf den Gehalt an Eiweiß, Vitaminen und Spurenelementen ausgeglichen, wenn die Diät nicht länger als maximal vier Wochen angewandt wird. Ausgeprägter als bei einer 800- oder 1200-Kalorien-Diät kommt es zu Beginn einer Abmagerungskur mit 300 kcal durch die verringerte Kochsalzzufuhr zu einem starken Wasserverlust und zu einer anfangs sehr raschen Gewichtsabnahme. Dieser Gewichtsverlust ist also überwiegend auf Wasserverluste und nicht auf Verlust von Fettgewebe zurückzuführen. Die erhöhte Ausscheidung von Flüssigkeit sollten Sie durch reichliches Trinken ausgleichen. Der echte Gewichtsverlust beginnt in der zweiten Woche einer kalorienreduzierten Diät.

Nach einer kurzen Diätperiode mit 300 kcal wird das angestrebte Körpergewicht noch nicht erreicht sein. Dann kann auf eine **800-Kalorien-Diät** übergegangen werden, die über Wochen ohne nachteilige Folgen eingehalten werden kann.
Beim Übergang von einer Reduktionskost auf eine Normalkost kommt es zunächst zu einer sehr raschen Gewichtszunahme. Diese ist auf die vermehrte Kochsalzzufuhr und die damit verbundene Wassereinlagerung in die Körpergewebe zu erklären. Ein Gleichgewicht stellt sich in wenigen Tagen ein.
Eine **1200-Kalorien-** oder eine **1500-Kalorien-Diät** kann später auch ohne große Vorbereitungen immer wieder durchgeführt werden, wenn das erwünschte Sollgewicht im Laufe der Zeit um einige Kilo überschritten wird.
Nach einer erfolgreichen Gewichtsreduktion werden Sie sich besser, jünger und leistungsfähiger fühlen, Sie werden besser aussehen und Sie haben eine Chance, ernährungsbedingte Krankheiten abzuwenden oder schon vorhandene zu bessern. Die Rezepte, die wir Ihnen vorschlagen, sollen Ihnen Ihr Vorhaben, überflüssige Pfunde zu verlieren, erleichtern. Sie sind nach den oben angeführten Prinzipien ausgearbeitet und berücksichtigen eine abwechslungsreiche, vitaminreiche gemischte Kost, wobei **kaloriensparenden Zubereitungsarten** der Vorzug gegeben wird. Tongeschirr, Alufolie, Bratfolien und Teflonpfanne sollten in Ihrer Küche nicht fehlen.

Salate und Gemüse mit ihrem hohen Anteil an unverdaulichen Ballaststoffen bekämpfen die Darmträgheit. Leinsamen und Weizenkleie sind zusätzlich günstig zur Anregung der Darmmotorik. Da Leinsamen und Weizenkleie durch Wasseraufnahme im Darm quellen, sollte auf reichliche Flüssigkeitszufuhr geachtet werden. Die Ballaststoffe saugen viel Wasser auf. Vollkornbrot sollte hellem Brot, ebenso Vollkornnudeln denen aus hellem Mehl hergestellten, immer vorgezogen werden. Mehr Ballaststoffe und Vitamine bringt auch brauner Naturreis statt des polierten weißen Korns. Zucker sollten Sie durch Süßstoff ersetzen, damit können Sie leicht Kalorien sparen. Achten Sie im Rezeptteil vor allem auf die Tips, Sie finden manchen kaloriensparenden Trick darunter.

Die gemischte Kost, deren Energiegehalt Sie selber mit Hilfe der Kalorientabelle auf Seite 98 berechnen können, wird Ihr Wissen in bezug auf eine gesunde Ernährung erweitern und den langfristigen Plan, das erreichte Sollgewicht auf Dauer zu halten, erleichtern.

Diätpläne und Tagesbeispiele

Beispiel für eine 300-Kalorien-Diät (1260 kJ)

1. Tag

		kcal
1. Frühstück (70 kcal)	Kaffee oder Tee mit Süßstoff **ohne** Milch und Zucker	0
	1 kleine Scheibe Vollkornbrot (30 g)	70
2. Frühstück (25 kcal)	½ kleiner Apfel (50 g)	25
Mittagessen (75 kcal)	30 g gedünstetes Kalbsfilet	30
	Paprikagemüse aus:	
	100 g Paprika mit	30
	1 TL gehackter Petersilie	0
	10 g Zwiebeln	5
	Salat aus:	
	30 g Kopfsalat	5
	60 g Gurke	5
	gehackter Petersilie und Dill	0
	Essig oder Zitronensaft	0
Nachmittag (35 kcal)	100 ml Buttermilch	35
Abendessen (95 kcal)	Tomatenquark aus:	
	1½ EL Magerquark (50 g)	45
	1 EL Mineralwasser	0
	1 EL Tomatenmark (20 g)	10
	Salz, frischen Kräutern	0
	1 Scheibe Knäckebrot (10 g)	40
	Kräutertee oder schwarzer Tee **ohne** Zucker	0
	E 25 g F 2,5 g KH 43 g	300 kcal (1260 kJ)

Beispiel für eine 300-Kalorien-Diät (1260 kJ)

2. Tag

		kcal
1. Frühstück (70 kcal)	Kaffee oder Tee mit Süßstoff **ohne** Milch und Zucker	0
	1 kleine Scheibe Vollkornbrot (30 g)	70
2. Frühstück (55 kcal)	1 geschälte Orange (100 g)	55
Mittagessen (75 kcal)	40 g gekochtes Rindsfilet	50
	100 g gedünsteter Wirsing	25
Nachmittag (35 kcal)	100 ml Buttermilch	35
Abendessen (65 kcal)	½ Grapefruit (80 g)	25
	1 Scheibe Knäckebrot (10 g)	40
	E 18 g F 3 g KH 48 g	300 kcal (1260 kJ)

Beispiel für eine 300-Kalorien-Diät (1260 kJ)

3. Tag

		kcal
1. Frühstück (75 kcal)	Kaffee oder Tee mit Süßstoff **ohne** Milch und Zucker	0
	1 Scheibe Knäckebrot (10 g)	40
	1 EL Magerquark (40 g)	35
	1 TL Schnittlauch	0
2. Frühstück (30 kcal)	½ Becher Magermilchjoghurt (75 g)	30
Mittagessen (60 kcal)	20 g mageres Ochsenfleisch	30
	100 g gedünsteter Blumenkohl	30
Nachmittag (30 kcal)	½ Becher Magermilchjoghurt (75 g)	30
Abendessen (105 kcal)	1 kleiner Apfel (100 g)	50
	1 Scheibe Knäckebrot (10 g)	40
	3 Scheiben Bündner Fleisch (6 g)	15
	E 24 g F 5 g KH 38 g	300 kcal (1260 kJ)

Beispiel für eine 300-Kalorien-Diät (1260 kJ)

4. Tag

		kcal
1. Frühstück	Kaffee oder Tee mit Süßstoff **ohne** Milch und Zucker	0
(40 kcal)	1 Scheibe Knäckebrot (10 g)	40
2. Frühstück (35 kcal)	100 ml Buttermilch	35
Mittagessen	90 g gedünsteter Schellfisch	70
(130 kcal)	Soße aus:	
	1 EL Magermilchjoghurt (20 g)	10
	1 EL Tomatenmark (20 g)	10
	1 TL frischen Kräutern	0
	100 g gedünstetem Sellerie	40
Nachmittag (25 kcal)	½ Grapefruit (80 g)	25
Abendessen	1 Scheibe Knäckebrot (10 g)	40
(70 kcal)	Quarkaufstrich aus:	
	1 EL Magerquark (30 g)	30
	1–2 EL Mineralwasser	0
	Kräutern oder Gewürzen	0
	Tee ohne Zucker oder Mineralwasser	0
	E 31 g F 2,5 g KH 36 g	300 kcal (1260 kJ)

Beispiel für eine 300-Kalorien-Diät (1260 kJ)

5. Tag

		kcal
1. Frühstück (70 kcal)	Kaffee oder Tee mit Süßstoff **ohne** Milch und Zucker	0
	1 kleine Scheibe Vollkornbrot (30 g)	70
2. Frühstück (25 kcal)	½ kleiner Apfel (50 g)	25
Mittagessen (70 kcal)	35 g gegrilltes Kalbsschnitzel	40
	Rosenkohl-Chicorée-Salat aus:	
	30 g gekochtem Rosenkohl	15
	60 g Chicorée	10
	½ EL Magermilchjoghurt (10 g)	5
	Zitronensaft	0
	1 TL Petersilie	0
Nachmittag (40 kcal)	1 Scheibe Knäckebrot (10 g)	40
	schwarzer Tee mit Zitrone	0
Abendessen (95 kcal)	100 ml Buttermilch	35
	5 Radieschen	10
	6 Scheiben Bündner Fleisch (12 g)	30
	2 Cracker (5 g)	20
	E 20 g F 3,5 g KH 45 g	300 kcal (1260 kJ)

Beispiel für eine 300-Kalorien-Diät (1260 kJ)

6. Tag

		kcal
1. Frühstück (65 kcal)	Kaffee oder Tee mit Süßstoff **ohne** Milch und Zucker	0
	1 Scheibe Knäckebrot (10 g)	40
	1 Scheibe Bündner Fleisch (5 g)	15
2. Frühstück (25 kcal)	½ kleiner Apfel (50 g)	25
Mittagessen (140 kcal)	80 g gegrillte Truthahnbrust	90
	1 eigroße Kartoffel (60 g)	50
Nachmittag (25 kcal)	½ kleiner Apfel (50 g)	25
Abendessen (45 kcal)	100 g Kopfsalat	15
	Zitronensaft	0
	1–2 EL Kräuter	0
	1 Scheibe Knäckebrot (10 g)	40
	E 25 g F 5 g KH 37 g	300 kcal (1260 kJ)

Beispiel für eine 300-Kalorien-Diät (1260 kJ)

für einen Sonn- oder Feiertag

		kcal
1. Frühstück	Kaffee oder Tee mit Süßstoff **ohne** Milch und Zucker	0
(60 kcal)	1 Scheibe Knäckebrot (10 g)	40
	1 gestr. EL Magerquark (20 g)	20
	und Gewürze nach Wahl	0
2. Frühstück	½ kleiner Apfel (50 g)	25
(25 kcal)		
Mittagessen	150 ml klare Gemüsebouillon ohne Fett	0
(95 kcal)	100 g gedünsteter Kabeljau	80
	50 g gekochter Blumenkohl	15
	mit frischen Kräutern	0
Nachmittag	100 ml Magermilch	35
(35 kcal)		
Abendessen	1 Scheibe Knäckebrot (10 g)	40
(85 kcal)	1 EL Magerquark (30 g)	30
	1 Essiggurke (25 g)	5
	Kräuter nach Wahl	0
	50 g Chicorée	10
	mit 20 g Kresse	0
zur Nacht	60 g Wassermelone	
(15 kcal)	oder 50 g frische Erdbeeren	15
	E 39 g F 1 g KH 32 g	300 kcal (1260 kJ)

Beispiel für eine 1000-Kalorien-Diät (4260 kJ)

1. Tag

		kcal
1. Frühstück (205 kcal)	Kaffee oder Tee mit Süßstoff **ohne** Milch und Zucker	0
	1 Scheibe Leinsamenbrot (40 g)	110
	1 TL Halbfettmargarine (5 g)	20
	3 Scheiben Bierschinken (30 g)	75
2. Frühstück (80 kcal)	1 mittelgroße Birne (150 g)	80
Mittagessen (325 kcal)	Tomaten-„Feuer"-Suppe, **Rezept S. 33**	60
	Fischfilet im Bratbeutel, **Rezept S. 59**	135
	1 eigroße Kartoffel (60 g)	50
	gedünstete Zucchinifächer, **Rezept S. 64**	60
	Zitronenschaum, **Rezept S. 72**	15
Nachmittag (60 kcal)	Kaffee oder Tee mit Süßstoff **ohne** Milch und Zucker	0
	1 Becher Magermilchjoghurt (150 g)	60
Abendessen (235 kcal)	Spinatsalat mit roten Zwiebeln, **Rezept S. 68**	70
	50 g Kalbsfilet in der Folie **Rezept S. 47**	95
	mit Minzsoße, **Rezept S. 35**	0
	1 dünne Scheibe Vollkornbrot (30 g)	70
zur Nacht (100 kcal)	1 Glas (0,2 l) leichter Rotwein oder ¼ l Tonic Water oder Diät-Vollbier, 0,33 l	100
	E 70 g F 20 g KH 110 g	1000 kcal (4200 kJ)

Beispiel für eine 1000-Kalorien-Diät (4200 kJ)

2. Tag

		kcal
1. Frühstück (170 kcal)	Kaffee oder Tee mit Süßstoff **ohne** Milch und Zucker	0
	3 EL Magerquark (100 g)	80
	1 Scheibe Knäckebrot (10 g)	40
	1 TL Marmelade (10 g)	25
	½ Grapefruit (80 g)	25
2. Frühstück (80 kcal)	1 Scheibe Knäckebrot (10 g)	40
	3 Scheiben Lachsschinken (30 g)	40
Mittagessen (310 kcal)	Bouillon mit 100 g Gemüse, **Rezept S. 30**	30
	Feine Roulade mit Lauch, **Rezept S. 47**	180
	1 Portion Blattsalat, **Rezept S. 66**	50
	1 Portion Kompott mit Süßstoff, **Rezept S. 75**	50
Nachmittag (80 kcal)	Kaffee oder Tee mit Süßstoff **ohne** Milch und Zucker	0
	1 mittelgroßer Apfel (150 g)	80
Abendessen (290 kcal)	Tatar, **Rezept S. 87**	170
	2 Scheiben Knäckebrot (20 g)	80
	1 Portion Gurkensalat, **Rezept S. 67**	40
zur Nacht (70 kcal)	½ Grapefruit (80 g)	25
	1 Scheibe Knäckebrot (10 g)	40
	1 Scheibe Bündner Fleisch (2 g)	5
	E 80 g F 20 g KH 120 g	1000 kcal (4200 kJ)

Beispiel für eine 1200-Kalorien-Diät (5040 kJ)

1. Tag

		kcal
1. Frühstück (305 kcal)	Kaffee oder Tee mit Süßstoff **ohne** Milch und Zucker	0
	2 Scheiben Knäckebrot (20 g)	80
	1 weichgekochtes Ei	100
	3 EL Magerquark (100 g)	80
	mit 100 ml Mager- oder Buttermilch	35
2. Frühstück (50 kcal)	1 kleiner Apfel (100 g)	50
Mittagessen (410 kcal)	Klare Bouillon mit 100 g Gemüse	30
	Gegrilltes Schweinefilet, **Rezept S. 51**	365
	Zitronenschaum, **Rezept S. 72**	15
Nachmittag (55 kcal)	1 geschälte Orange (100 g)	55
Abendessen (380 kcal)	1 Scheibe magerer, gekochter Schinken (50 g)	150
	1 Scheibe Tilsiter Käse (30 g)	90
	100 g Radieschen oder Rettich	20
	1 Tomate (50 g)	10
	1 Scheibe Leinsamenbrot (40 g)	110
	Tee **ohne** Zucker oder Mineralwasser	0
zur Nacht (kalorienfrei)	Tee oder heiße Zitrone mit Süßstoff	0
	E 90 g F 50 g KH 90 g	1200 kcal (5040 kJ)

Beispiel für eine 1200-Kalorien-Diät (5040 kJ)

2. Tag

		kcal
1. Frühstück (290 kcal)	Kaffee oder Tee mit Süßstoff **ohne** Milch und Zucker	0
	1 Brötchen	120
	1 EL Butter oder Margarine (10 g)	80
	2 gestrichene TL Honig **oder** Marmelade (10 g)	30
	1 Becher Magermilchjoghurt (150 g)	60
2. Frühstück (90 kcal)	1 mittelgroße Birne (150 g)	90
Mittagessen (360 kcal)	Fischfilet im Bratbeutel, **Rezept S. 59**	130
	1 eigroße Kartoffel (60 g)	50
	Bunter Blattsalat mit Obst, **Rezept S. 70**	100
	Quarkcreme mit Früchten, **Rezept S. 74**	80
Nachmittag (140 kcal)	Kaffee oder Tee mit Süßstoff **ohne** Milch und Zucker	0
	2 Stück Biskuit, **Rezept S. 80**	140
Abendessen (320 kcal)	Reissalat mit Rindfleisch, **Rezept S. 86**	320
	Tee **ohne** Zucker oder Mineralwasser	0
	E 80 g F 30 g KH 145 g	1200 kcal (5040 kJ)

Beispiel für eine 1500-Kalorien-Diät (6300 kJ)

		kcal
1. Frühstück (305 kcal)	Kaffee oder Tee mit Süßstoff **ohne** Milch und Zucker	0
	1 Scheibe Mischbrot (50 g)	125
	100 g Hüttenkäse **oder** Quark (20% Fett i. Tr.)	120
	1 EL Honig oder Konfitüre (20 g)	60
2. Frühstück (100 kcal)	1 kleine Banane (100 g)	100
Mittagessen (615 kcal)	Spinatsalat mit roten Zwiebeln, **Rezept S. 68**	70
	Rinderragout Burgunder Art, **Rezept S. 48**	335
	Nudeln **oder** Reis (50 g roh = 150 g gekocht)	195
	3–4 Erdbeeren (50 g)	15
Nachmittag (100 kcal)	Magermilchjoghurt mit Früchten (150 g)	100
Abendessen (380 kcal)	3 Kümmelstangen, **Rezept S. 78** **oder** 1 Scheibe Brot aus dem Tontopf, **Rezept S. 77**	90
	Salat Nizza, **Rezept S. 85**	290
	E 80 g F 50 g KH 170 g	1500 kcal (6300 kJ)

Potpourri der 50 Kalorien

Die genannten Produkte enthalten jeweils 50 kcal.

1 kleine Praline
4 Stück Würfelzucker
8 Schokolinsen
1 kleine Kugel Fruchteis

1 kleiner Apfel (100 g)
1 ganzer Kopfsalat
15 Rosinen
1 frische Salatgurke

1 Tasse Mager- oder Buttermilch
½ Ecke Schmelzkäse 20% Fett i. Tr. (30 g)

7 lange italienische Spaghetti ohne Fett und Soße
weniger als ein halbes Brötchen
1 Kinderhand voll Erdnüsse

Garen mit wenigen Kalorien

Lebensmittel **in Dampf zu garen** ist die für Vitamine schonendste und gleichzeitig die für kalorienarmes Zubereiten günstigste Methode.
Das Aroma der Speisen bleibt sehr gut erhalten, dies gilt besonders für Gemüse, aber auch für Fisch, Geflügel und Obst, für die sich das Garen in Dampf anbietet.
Im Handel sind verschiedene Küchengeräte erhältlich, die diese Zubereitung sehr vereinfachen. Ein für unterschiedliche Topfgrößen verwendbarer **Dämpfeinsatz** ist hier eine vielseitige Möglichkeit. Darüber hinaus gibt es **stapelbare Töpfe**, bei denen der obere Topf einen mit Sieblöchern versehenen Boden besitzt. Für Fisch und Spargel bietet sich ein **länglicher Bräter mit Siebeinsatz** an. **Dampfdrucktöpfe** arbeiten ebenfalls nach dem Prinzip des Garens durch Wasserdampf. Sie sind in verschiedenen Größen mit Siebeinsätzen zu kaufen. Zum Dünsten von Lebensmitteln mit wenig oder ohne Fettzugabe ist **der Römertopf** und **die Bratfolie** zu empfehlen. Auch **Alufolie** ist eine Alternative und natürlich auch der Einsatz eines **Mikrowellenherdes**.
Neben dem Dämpfen bietet sich auch **Grillen** als fettarme Garmethode an. Soßen und Brühen sollten Sie nur entfettet verwenden. Die Fettschicht läßt sich nach dem Erkalten leicht abheben oder mit einigen Tricks entfernen:

Mit dem Schöpflöffel das Fett abschöpfen

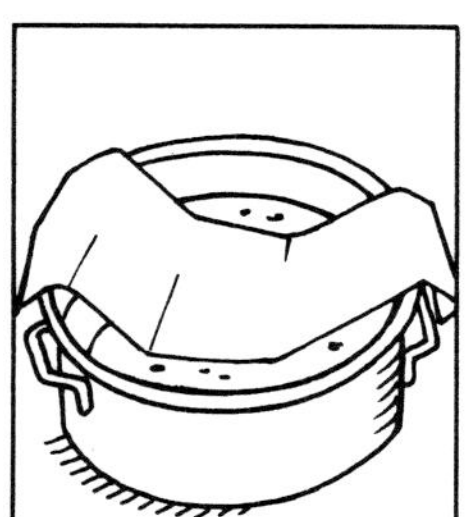

Küchenkrepp oder ein Tuch zum Saugen auflegen

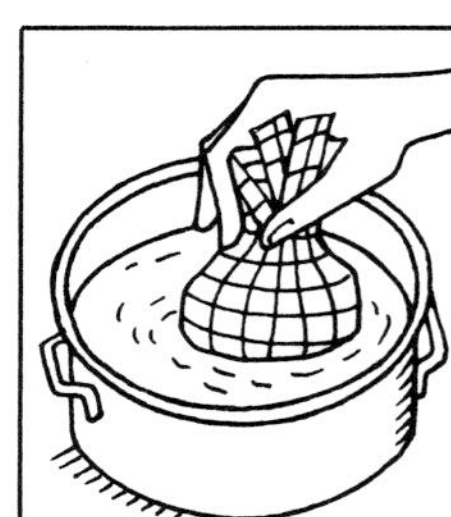

Ein mit Eiswürfeln gefülltes Tuch auflegen. Fett erstarrt am Tuch

Jetzt wird gekocht

Was Sie vorher wissen sollten!

- Die Mengen gelten jeweils für 1 Person, falls nicht anders angegeben. Dies gilt nicht für Backwaren.
- Die Nährwertangaben beziehen sich **immer auf 1 Portion** bzw. 1 Stück.
- Die in den Rezepten angegebenen Mengen sind der **kochfertige Anteil:** Obst und Gemüse ohne Schale und Kerne, Fleisch ohne Knochen, befreit von sichtbarem Fett.
- Sie können beliebig Gewürze verwenden, doch würzen Sie Ihre Speisen nicht zu scharf, das regt den Appetit an. Eine Vielfalt von Gewürzen, wie Kümmel, Pfeffer, Paprika, Lorbeer, Ingwer, Muskat, Nelken, Piment, Curry, Zimt u. a. machen Gerichte abwechslungsreich. Auch frische und getrocknete Kräuter sind während Ihrer Diät erlaubt, doch frische Kräuter sollten Sie erst nach dem Garen über die Speisen streuen.
- Verwenden Sie **Salz sparsam** und süßen Sie möglichst nur mit Süßstoff.

Praktische Mengenangaben:

1 Tasse Flüssigkeit = 125 ml (ccm) = ⅛ l

1 kleiner Apfel = 100 g

1 mittelgroße Orange geschält = 130 g

1 Kartoffel, hühnereigroß = 60 g

1 EL Öl = 10 g

1 EL Mehl, Grieß, Zucker gehäuft, gefüllt in Großmutters Besteck = 30 g

1 EL Mehl, Grieß, Zucker gehäuft, gefüllt in modernes Eßbesteck = 20 g

1 TL Öl oder
1 TL Mehl, Grieß, Zucker gehäuft, gefüllt = 5 g

½ Hotelpäckchen Butter = 10 g

Abkürzungen:

EL	= Eßlöffel	**g**	= Gramm
TL	= Teelöffel	**E**	= Eiweiß
Pr.	= Prise	**F**	= Fett
Msp.	= Messerspitze	**KH**	= Kohlenhydrate
St	= Stück	**kcal**	= Kilokalorien
l	= Liter	**kJ**	= Kilojoule

Klare Bouillon mit Einlage

E 6 g	F 5,5 g	KH 0,5 g
kcal 95	kJ 400	

- ¼ l entfettete Fleisch- oder Gemüsebrühe
- 1 Pr. Suppenwürze
- 1 Pr. Muskat
- 1 Eigelb oder 1 ganzes Ei
- 1 TL geschnittener Schnittlauch

Die Brühe erhitzen und mit Suppenwürze kräftig abschmecken. Das Eigelb oder das ganze Ei mit Muskat verschlagen und in die Brühe einlaufen lassen. Zuletzt mit Schnittlauch bestreuen.

Variation

Mit der Verwendung unterschiedlicher Einlagen verändert sich auch der Kaloriengehalt der Bouillon. Bei 30 g Rindfleisch, in Streifen, ergeben sich 75 kcal, bei 45 g gekochten Suppennudeln etwa 190 kcal, bei 45 g Reis (= 15 g Reis, roh) 180 kcal und bei 100 g feinem Suppengemüse etwa 45 kcal. Kräuter können Sie nach Belieben verwenden. Ihr Kaloriengehalt ist so niedrig, daß er nicht berücksichtigt werden muß.

Klare Hühnersuppe mit Glasnudeln und Morcheln

E 3 g	F 0 g	KH 10 g
kcal 55	kJ 230	

- 1–2 getrocknete Morcheln
- ¼ l entfettete Hühnerbrühe
- 5 g Glasnudeln
- 50 g Lauch, in Ringen
- 1 EL Sojasoße

Die Morcheln und die Glasnudeln 20 Minuten in kaltem Wasser einweichen. Anschließend abseihen und etwas kleiner schneiden.
Die Brühe erhitzen und Morcheln, Nudeln und Lauch etwa 5 Minuten darin köcheln. Mit Sojasoße abschmecken.

Tip

Morcheln zählen zu den teuersten und feinsten Pilzen. Frisch bekommen Sie sie nur in den Herbstmonaten. Getrocknete Morcheln können Sie, wie auch die Glasnudeln, problemlos aufbewahren und jederzeit eine gewünschte Menge zubereiten.

Mimosensuppe

E 8 g	F 6 g	KH 2,5 g
kcal 100	kJ 420	

50 g grüne Bohnen,
gekocht oder Tiefkühlware
200 ml kräftige, entfettete Brühe
1 Pr. Muskat
eventuell 1 Pr. Suppenwürze
1 kleines gekochtes Ei

Die Bohnen schräg in feine Stücke schneiden. Die Brühe erhitzen, das Gemüse darin einmal kurz aufkochen lassen und die Suppe würzen. Das Eigelb durch ein Sieb direkt in den Teller streichen. Die heiße Suppe mit den Bohnen darübergießen.

Tip

Das gekochte Eiweiß können Sie für Salat oder als Brotbelag verwenden. Es ist sehr kalorienarm, die Menge von einem mittelgroßen Ei liefert nur etwa 15 kcal (63 kJ).

Erbsencremesuppe

E 7 g	F 2 g	KH 14 g
kcal 105	kJ 440	

- 100 g Tiefkühlerbsen
- 200 ml entfettete Brühe
- 1 Pr. Suppenwürze
- 7,5 ml Kaffeesahne (= 1 Portionsdöschen)
- 1 TL gehackte Petersilie

Die Erbsen in der Brühe 5 Minuten kochen lassen. Die Suppe im Mixer oder mit dem Pürierstab cremig aufschlagen. Mit Suppenwürze und Kaffeesahne abschmecken. Petersilie darüberstreuen.

Würzige Kartoffelsuppe

E 3 g	F 0 g	KH 22 g
kcal 105	kJ 440	

- 1/4 l entfettete Brühe
- 100 g mehlige Kartoffeln, in Scheiben
- 1 Päckchen Tiefkühl-Suppengrün
- 1 Pr. Suppenwürze
- 1 Pr. Muskat
- 1 Pr. Thymian
- 1 TL geschnittener Schnittlauch

Die Kartoffeln und das Suppengrün in der Brühe weichkochen. Anschließend durch ein feines Haarsieb streichen, die Suppe würzen und mit Schnittlauch bestreuen.

Avocadobouillon

E 1 g	F 12 g	KH 1,7 g
kcal 125	kJ 515	

- 200 ml kräftige, entfettete Brühe
- 50 g weiches Avocadofruchtfleisch
- 1 TL Zitronensaft
- 1 Pr. schwarzer Pfeffer
- 1 Pr. Muskat
- eventuell 1 Spritzer Suppenwürze
- 1 EL Petersilien- oder Kerbelblättchen

Die Brühe erhitzen. Avocado fein pürieren, mit Zitronensaft verrühren und kräftig mit der Brühe verschlagen. Mit Pfeffer, Muskat und Suppenwürze abschmecken. Zuletzt die Kräuterblättchen darüberstreuen und die Suppe heiß oder gekühlt servieren.

Tip

Die Avocado ist mit etwa 24 g Fett pro 100 g die fettreichste Frucht. 100 g Fruchtfleisch enthalten etwa 233 kcal (978 kJ), daher sollten Avocados in einer Reduktionsdiät nur in kleinen Mengen gegessen werden.

Tomaten-„Feuer"-Suppe

E 2,7 g	F 0 g	KH 11,5 g
kcal 60	kJ 250	

250 g reife Tomaten, in Würfeln
½ Zwiebel (20 g), in Ringen
1 Pr. Salz
1 Pr. Zucker
1 Msp. Curry
1 Msp. Cayennepfeffer
1 TL gehackter Majoran oder Estragon
oder
1 Pr. getrocknete Kräuter

Die Tomaten mit den Zwiebeln, Salz und Zucker im zugedeckten Topf 10 Minuten dünsten. Anschließend durch ein Sieb passieren und mit Curry und Cayennepfeffer feurig-scharf abschmecken. Mit Kräutern bestreuen.

Tip

An heißen Tagen können Sie die „Feuer"-Suppe auch eisgekühlt servieren.

Soßen

Soßen sind bei üblicher Zubereitung vielfach reich an Kalorien, da sie meistens viel verstecktes Fett enthalten. Oft werden sie mit Mehl oder Stärke gebunden und zusätzlich mit reichlich Butter, Sahne oder Crème fraîche verfeinert.

Wenn Sie gerne Soßen essen, verwenden Sie für die Zubereitung nur **entfetteten Bratensaft** oder **entfettete Brühe.** Wie Sie das Fett leicht entfernen können, ist auf Seite 28 beschrieben.

Binden Sie die Soßen mit püriertem Gemüse oder mit Magerquark. Wenn es zum Gericht paßt, verwenden Sie Curry oder Rosenpaprika, auch sie machen Soßen sämiger. Sie sollten nur noch ausnahmsweise mit einer Messerspitze Mehl oder Stärke arbeiten.

Die folgenden Soßenrezepte sind Vorschläge für Diättage ab 1200 kcal.

Helle Grundsoße

E 5 g	F 0,1 g	KH 5 g
kcal 40	kJ 170	

- 1/8 l entfettete Brühe
- 1 TL Mehl oder Speisestärke (5 g)
- 1 Pr. Suppenwürze
- nach Belieben:
- Pfeffer, Muskatnuß, Zitronenpfeffer, Curry
- Zitronensaft, Worcester- oder Sojasoße
- 1 geh. EL Magerquark (30 g)

Die Brühe erhitzen. Das Mehl oder die Stärke mit wenig Wasser verrühren und in die kochende Flüssigkeit einlaufen lassen. Die Soße 3–5 Minuten kochen und anschließend beliebig würzen. Quark mit wenig Soße verrühren und zur heißen, aber nicht mehr kochenden Grundsoße geben.

Variation

Durch Zugabe verschiedener Aromaträger läßt sich die helle Soße beliebig variieren.

Dillsoße: 1 EL gehackter Dill
Kräutersoße: 1 EL gehackte Petersilie oder gemischte Kräuter
Meerrettichsoße: 1 EL Meerrettich
Kapernsoße: 1 EL Kapern
Tomatensoße: 1 EL Tomatenmark oder -ketchup

Englische Minzsoße

Nährstoffe sind nur in Spuren enthalten, die Soße ist fast kalorienfrei.

- je 1 Pr. Zucker und Salz
- 1 EL fein gehackte frische Minze
- 1 EL Essig

Zucker, Salz, Minze und 1 EL kochendes Wasser mischen. Diese Soße 5 Minuten ziehen lassen und den Essig unterrühren.

Tip

Diese frisch-würzige Soße wird gerne als kalte Beigabe zu Lammgerichten gereicht. Sie können sie auch zu kaltem Braten oder Sülze servieren.

Italienische Tomatensoße

E 2,5 g	F 5 g	KH 7,5 g
kcal 90	kJ 375	

- 1 TL Olivenöl (5 g)
- 1 geschälte Knoblauchzehe
- 250 g gehäutete Tomaten, in Würfeln
- je 1 Pr. Salz und Pfeffer
- 1 TL grob gehackte Petersilie
- 1 EL grob gehacktes Basilikum

Das Olivenöl in einem kleinen Topf erwärmen und die ganze Knoblauchzehe darin rundum andünsten, herausnehmen. Die Tomaten zugeben und 10 Minuten zugedeckt dämpfen. Anschließend Gewürze und Kräuter unterrühren und 5 Minuten bei geöffnetem Deckel weiter köcheln.

Cumberlandsoße

E 0,7 g	F 0 g	KH 14 g
kcal 80	kJ 390	

Für 3 Portionen

- 1 unbehandelte Orange (150 g)
- 50 g rotes Johannisbeergelee
- 1 Msp. Senfpulver
- 1 Msp. Ingwerpulver
- 1 Pr. Cayennepfeffer
- 5 cl Rotwein
- 1 cl Cognac

Die Orange hauchdünn abschälen. Die Schalen in feinste Streifen (Julienne) schneiden und in einem Sieb mit kochendem Wasser überbrühen. Aus der Frucht den Saft auspressen. Johannisbeergelee bis zum Schmelzen anwärmen. Alle Zutaten außer den Orangenjuliennes gut verrühren und kräftig abschmecken.
Mit den Juliennes in ein Glas geben und kalt stellen.

Tip

Cumberlandsoße paßt zu dunklem Fleisch, Wild oder Sülze.
Die feinen Orangenschalenstreifen, die der Soße ihr typisches Aroma verleihen, lassen sich mit einem speziellen Juliennereißer leicht und schnell herstellen.

Apfel-Estragon-Soße

E 4,4 g	F 0 g	KH 14,5 g
kcal 80	kJ 340	

- 1 kleiner, fein geraspelter Apfel (100 g)
- ½ Zwiebel (20 g), in feinen Würfeln
- 1 TL scharfer Senf
- 1 TL Zitronensaft
- 1 Pr. Salz
- eventuell 1 Tropfen Süßstoff
- 1 Eiweiß
- 2 Zweige Estragon

Den Apfel mit der Zwiebel, dem Senf, Zitronensaft, Salz und eventuell Süßstoff mischen. Das Eiweiß zu Schnee schlagen und unterziehen. Den schöneren Estragonzweig zum Dekorieren verwenden, die übrigen kleinen Blättchen abzupfen und ganz oder nur grob gehackt unter die Soße rühren. Sofort servieren.

Tip

Die kalte Soße paßt sehr gut zu Sülze oder Fisch.

Grüne Soße

E 7 g	F 0 g	KH 6 g
kcal 55	kJ 230	

2 EL gemischte Kräuter der Saison, sehr fein gehackt
(Petersilie, Dill, Estragon, Kerbel, Thymian, Borretsch, Majoran)
50 g Magermilchjoghurt oder Buttermilch
1 geh. EL Magerquark (30 g)
1 Pr. Salz
1 Pr. Pfeffer oder Zitronenpfeffer
1 Msp. Senf, 1 Pr. Zucker
1 TL Zitronensaft

Alle Zutaten mischen und kräftig verrühren oder im Mixer beziehungsweise mit dem Zauberstab pürieren und die grüne Soße kalt servieren.

Tip

Die grüne Soße eignet sich hervorragend zum Mischen mit Blattsalaten oder als „Dip“ zum Eintauchen von rohen Gemüsestückchen, aber auch zu kaltem Braten oder hart gekochten Eiern.

Eintöpfe und vegetarische Hauptgerichte

Krauttaschen in Tomatensoße

E 27,5 g	F 9 g	KH 30 g
kcal 320	kJ 1340	

2 große Blätter (100 g) von Weißkraut, Wirsing oder Chinakohl, mit flach abgeschnittenen Rippen
100 g mageres Rinderhack (Tatar)
½ Zwiebel (30 g), in Würfeln
50 g grob geraffelte Karotten
60 g gekochte Kartoffeln, in kleinen Würfeln oder grob geraffelt
je 1 Pr. Salz, Muskat und Pfeffer
1 Portion Tomatensoße, Rezept Seite 35

Die Krautblätter in kochendem Wasser 3–5 Minuten blanchieren, kalt abschrekken, auf einem Tuch ausbreiten und etwas abtrocknen.
Die Zwiebeln und die Karotten mit einer Tasse Wasser in der Pfanne dämpfen, dabei die Flüssigkeit weitgehend eindampfen lassen. Abgekühlt mit Hackfleisch, Kartoffeln und Gewürzen verkneten.
Jeweils eine halbe Portion der Masse fest in ein Krautblatt einschlagen.
Zwischendurch die Tomatensoße zubereiten. Die Krauttaschen in die heiße Soße einlegen und etwa 30 Minuten schmoren.
Merke: Wenn Sie an Fasttagen weniger als 1500 kcal zu sich nehmen, essen Sie nur 1 Krauttasche mit der halben Soßenmenge (etwa 160 kcal). Der Rest läßt sich gut einfrieren.

Irish Stew

E 20,5 g	F 25 g	KH 12 g
kcal 365	kJ 1530	

100 g mageres, gehäutetes Lammfleisch, in Würfeln
200 g Weißkraut, in fingerbreiten Streifen
50 g Karotten, in Scheiben
1 Zwiebel (50 g), in Würfeln
¼ l entfettete Brühe
½ TL Kümmel
1 Pr. Salz
eventuell 1 Msp. Suppenwürze

Das Fleisch mit dem Gemüse in einen Topf schichten. Die Brühe und Kümmel zugeben und zusammen etwa 1 Stunde dünsten, bis das Fleisch weich ist. Eventuell mit Suppenwürze abschmecken.

Variation

Nehmen Sie statt Weißkraut die gleiche Menge Wirsing. Geben Sie diesen erst nach 45 Minuten Kochzeit zu, damit er schön knackig bleibt.

Merke: Wenn Sie an Fasttagen weniger als 1500 kcal zu sich nehmen, dann essen Sie nur die halbe Portion des Gerichtes (etwa 180 kcal).
Darüber hinaus läßt sich Irish Stew sehr gut im Römertopf zubereiten. Es wird aromatischer und muß während des Garens nicht umgerührt werden.

Blumenkohlmoussaka

E 14 g	F 10 g	KH 25 g
kcal 250	kJ 1050	

250 g Blumenkohl, in großen Röschen
½ Zwiebel (30 g), in Würfeln
50 g mageres Rinderhack
1 Pr. Salz
1 Pr. Pfeffer
1 TL Rosenpaprika
100 g gehäutete Tomaten, in Würfeln
1 TL gehackte krause Petersilie

Den Blumenkohl in leichtem Salzwasser 5 Minuten vorkochen und abseihen.
Die Zwiebeln zusammen mit dem Hackfleisch in einem Edelstahltopf ohne Fettzugabe anrösten. Salz, Gewürze und Tomaten zugeben und unter Rühren etwas einkochen lassen. Nun den Blumenkohl darauflegen und bei geschlossenem Topf etwa 10 Minuten dünsten.
Mit Petersilie bestreut servieren.

Fränkischer Lammeintopf

E 28 g	F 11 g	KH 16,5 g
kcal 350	kJ 1465	

- 100 g entfettetes Lammfleisch, klein geschnetzelt
- ½ Zwiebel (30 g), in Scheiben
- ¼ l entfettete Brühe
- 100 g Möhren, in Scheiben
- 100 g grüne Paprikaschote, in Stücken oder Streifen
- 50 g kleine Champignons, größere vierteln
- 1 TL Salz
- 1 Pr. Majoran
- 1 TL milden oder scharfen Paprika
- 1 EL grob gehackte krause Petersilie

Das Fleisch mit den Zwiebeln und einer Tasse Wasser so lange dünsten, bis die Flüssigkeit eingekocht ist und sich am Topfboden ein hellbrauner Belag gebildet hat. Anschließend Brühe, Gemüse und Gewürze zugeben und bei milder Hitze zugedeckt garen, bis das Fleisch weich ist. Zuletzt nachwürzen und mit Petersilie bestreuen.

Merke: An Fasttagen, an denen Sie weniger als 1500 kcal zu sich nehmen, essen Sie nur die halbe Portion des Gerichtes (etwa 175 kcal). Entweder die Menge mit einem Gast teilen oder den Rest einfrieren.

Chicorée in Schinken mit Käse überbacken

E 17 g	F 16 g	KH 6 g
kcal 245	kJ 1025	

- 250 g Chicorée, längs halbiert, ohne Strunk
- ½ l entfettete Brühe
- 1 Pr. Salz
- 1 EL Zitronensaft
- 2 Scheiben magerer, gekochter Schinken (60 g)
- 1 EL Reibkäse (10 g)

Den Chicorée in der Brühe mit Zitronensaft etwa 5 Minuten garen und abseihen. Die Chicoréeblätter in Schinkenscheiben einrollen und mit Reibkäse bestreuen. Im heißen Ofen oder unter dem Grill kurz backen, bis der Käse geschmolzen ist.

Variation

Ebenso können Sie Spargel, Schwarzwurzeln (290 kcal) oder Lauch (305 kcal) zubereiten.
Ohne Reibkäse kann das Gericht auch kalt gegessen werden.

Grüne Nudeln mit Blumenkohl und Möhren

E 10 g	F 1,5 g	KH 50 g
kcal 260	kJ 1090	

40 g breite grüne Nudeln
150 g Möhren, in Scheiben
150 g Blumenkohl, in Röschen
5–6 EL kräftige, entfettete Brühe
1 Pr. Salz
1 Pr. Muskat oder Kreuzkümmel (Cumin)
1 EL grob gehackte frische Kräuter (Basilikum, Kerbel, Petersilie, Koriandergrün, etwas Thymian und Salbei)

Die Nudeln 6–8 Minuten bißfest kochen, kalt abschrecken und sehr gut abtropfen lassen.
Die Möhren und den Blumenkohl über Dampf garen (siehe Seite 28). Zusammen mit den Nudeln in einem Pfännchen mit Brühe erwärmen, kräftig würzen und mit Kräutern bestreut servieren.

Variation

Beim Erwärmen gekochten Fisch, Schinken oder Fleisch zugeben. Die Kalorienwerte erhöhen sich jeweils nur um folgende Beträge:
50 g magerer Schinken – 140 kcal
50 g gedünstetes Fischfilet – 50 kcal
50 g gedünstete Puten- oder Hühnerbrust – 60 kcal

Gemüsespießchen

E 2 g	F 10 g	KH 10,5 g
kcal 145	kJ 610	

50 g eingelegte Silberzwiebeln oder Schalotten
50 g Kirschtomaten oder geviertelte kleine Tomaten
50 g Zucchini, in Scheiben
50 g Auberginen, in Stücken
1 TL Kräuter der Provence oder
1 EL frische gemischte Kräuter
1 EL Olivenöl (10 g)
1 Pr. Salz

Die Zwiebeln oder Schalotten mit einer Tasse Wasser weich kochen und abseihen. Das Gemüse abwechselnd auf ein Metall- oder Holzspießchen stecken, würzen und mit Öl bestreichen. Im Backofen bei stärkster Hitze oder unter dem Grill garen, dabei einmal wenden.

Tip

Wenn Sie daraus keine Spießchen zubereiten, sondern das Gemüse zusammen mit ⅛ l Brühe dünsten, wird daraus Ratatouille, ein Gemüsegericht der Provence.

Tomatenmeringue

E 9 g	F 3 g	KH 6,3 g
kcal 80	kJ 335	

- 2 kleine Tomaten (je 100 g)
- 1 Pr. Salz
- 1 Pr. Suppenwürze
- 1 Msp. Thymian oder Oregano
- 1 Eiweiß
- 10 g geriebener Parmesankäse

Die Tomaten quer halbieren und die Schnittflächen mit Salz, Suppenwürze und Kräutern kräftig würzen.

Das Eiweiß zu Schnee schlagen, auf die Tomaten setzen und mit Reibkäse bestreuen. In einer feuerfesten Form oder auf Alufolie 5 Minuten im heißen Backofen oder unter dem Grill backen, bis der Käse leicht gebräunt ist.

Tip

Ohne Käse sparen Sie etwa 40 kcal. Würzen Sie die Tomatenmeringue dann mit frischen Kräutern, vor allem mit Basilikum.

Überbackener Blumenkohl

E 22 g	F 15 g	KH 13 g
kcal 285	kJ 1200	

1 kleiner geputzter Blumenkohl (250–300 g)
1 TL Salz
30 g Reibkäse
1 EL Mager -oder Buttermilch oder Kochwasser
1 Ei, getrennt
1 Pr. Muskat

Den ganzen Blumenkohl in ½ l Wasser mit Salz bißfest garen, abseihen und in eine Auflaufform setzen.
Den Reibkäse mit einem Eßlöffel Flüssigkeit und dem Eigelb verrühren, mit Salz und Muskat würzen. Das Eiweiß zu Schnee schlagen und unterziehen. Die Masse über den Blumenkohl verteilen und im heißen Backofen bei 200° C 10–15 Minuten bräunen.

Variationen

Nehmen Sie statt Blumenkohl Brokkoli oder die weißen, unteren Hälften der Lauchstangen.

Tip

Entwickelt Blumenkohl während des Kochens zu starken Kohlgeruch, so erneuern Sie das Kochwasser nach 10 Minuten Kochzeit.

Schaumomelett mit Spargel

E 17 g	F 17 g	KH 7,5 g
kcal 260	kJ 1090	

2 Eier, getrennt
1 TL Mehl (5 g)
1 Pr. Salz
1 Pr. Muskat
1 TL Öl (5 g)
100 g Spargelspitzen, gekocht bzw. aus der Dose
krause Petersilie oder Basilikum zum Garnieren

Die Eigelbe mit Mehl, Salz und Muskat mischen. Die Eiweiße zu Schnee schlagen und unterheben. Die Masse in eine große, mit Öl bestrichene heiße Pfanne füllen und zugedeckt bei mäßiger Hitze 5 Minuten backen. Währenddessen den Spargel mit ein paar Eßlöffeln Wasser oder im Spargelsud erwärmen und eventuell nachwürzen. Vorbereitetes Gemüse auf die helle Oberseite verteilen. Das Omelett vom Rand her in die Hälfte umklappen und auf einen Teller gleiten lassen. Mit grünen Blättern garnieren.

Variation

Statt Spargel können Sie auch gedünstete Pilze, Brokkoli oder kurz gebratene Sprossen in das Omelett füllen.

Fleischgerichte

Sie dürfen während Ihrer Reduktionsdiät Fleisch, zum Beispiel als Braten, verzehren, jedoch sollten Sie **alles sichtbare Fett entfernen** und die Verzehrmenge reduzieren. Vergleicht man den Kaloriengehalt verschiedener Fleischsorten, so wird deutlich, daß Schweinefleisch nur zu einem geringen Maß in Ihrer Diät auftauchen sollte. Hier einige Werte von Fleisch aus der Keule:

Schweinefleisch = 362 kcal (1520 kJ)
Hammelfleisch = 260 kcal (1090 kJ)
Rindfleisch = 205 kcal (860 kJ)
Huhn = 120 kcal (500 kJ)
Kalbfleisch = 103 kcal (435 kJ)
Rehfleisch = 97 kcal (407 kJ)

Verzichten Sie auf **gebundene Bratensoßen,** und ziehen Sie den reinen Bratensaft in jedem Fall vor.

Sie können Fleisch besonders fettarm garen, wenn Sie es grillen, im Römertopf, in Brat- oder Alufolie zubereiten. Zum Würzen sind alle Kräuter und Gewürze sowie Senf und Meerrettich erlaubt.

Merke: Die Zugabe von Fett sollte bei der Fleischzubereitung möglichst entfallen.

Kalbsfilet in Folie

E 16 g	F 2 g	KH 2,5 g
kcal 95	kJ 400	

Für 4 kleine Portionen (je 50 g) gares Fleisch

- 1 gehäutetes kleines Kalbsfilet (300 g)
- 1 TL Senf (5 g)
- 1 Pr. Salz
- 1 Pr. Pfeffer
- 2 Zwiebeln (100 g), in Ringen
- 1 kleines Lorbeerblatt
- 1 Stück Alufolie oder 1 Bratbeutel

Das Filet von allen Seiten dünn mit Senf bestreichen. Mit Salz und Pfeffer würzen. Zwiebeln und Lorbeer in die Folienmitte geben, das Fleisch darauf legen und die Folie verschließen. Bei der Verwendung eines Bratbeutels oben zwei bis drei kleine Löcher einstechen.

Etwa 15 Minuten bei 250°C im Backofen braten. Anschließend die Hitze zurückstellen und bei leicht geöffneter Ofentür weitere 10 Minuten ziehen lassen.

Merke: In der Alufolie bleibt das Fleisch außen hell und sehr saftig. Im Bratbeutel bräunt es rundum, und der Saft tritt reichlicher aus.

Tip

Schneiden Sie das Fleisch schräg in dünne Scheiben. Essen Sie je nach Diät nur Portionen von 50 oder 100 g als kalte oder warme Mahlzeit.

50 g Fleisch liefern 95 kcal (400 kJ)
100 g Fleisch liefern 190 kcal (800 kJ)

Feine Roulade mit Lauch

E 26 g	F 5 g	KH 6 g
kcal 180	kJ 755	

- 1 großes dünnes Kalbs- oder Putenschnitzel (125 g)
- 1 Pr. Pfeffer
- 10 g Bündner Fleisch, in dünnen Scheiben
- 100 g Lauch, in 5 cm langen Stücken
- 1 Bindfaden von etwa 50 cm Länge
- 1 EL Magerquark (20 g)
- 2–3 Tropfen Zitronensaft
- 1 Pr. Suppenwürze

Das Schnitzel innen mit Pfeffer würzen. Das Bündner Fleisch darauf verteilen. Die Lauchstücke kochen, ebenfalls in die Mitte geben und das Fleisch einrollen. Mit dem Faden umwickeln. In einem kleinen Topf mit einer halben Tasse Wasser zugedeckt dünsten, bis die Flüssigkeit einzukochen beginnt. Nun den Deckel öffnen und das Fleisch am Topfboden ohne Fettzugabe anbräunen. Jetzt eine Tasse Wasser oder Brühe zugießen und den Bratenansatz loskochen. Zugedeckt dünsten, bis das Fleisch gar ist. Zuletzt die Soße mit Quark binden, nicht mehr kochen lassen und mit Zitronensaft und Suppenwürze abschmecken.

Variationen

Füllen Sie die Rouladen mit Pilzen, Kräutern oder anderem Gemüse nach Ihrer Wahl.

Bereiten Sie mehrere Rouladen zu, frieren Sie sie ein oder schneiden Sie sie für eine kalte Mahlzeit in dünne Scheiben.

Rinderragout Burgunder Art

E 24 g	F 13 g	KH 19 g
kcal 335	kJ 1400	

100 g mageres Rindfleisch von der Keule, in Würfeln
2 EL Rotweinessig
1 Zwiebel (50 g), in Ringen
½ Lorbeerblatt
1 Pr. Thymian
3–4 Pfefferkörner
1 Pr. Salz
5 kleine Schalotten (100 g)
1 geviertelte Knoblauchzehe
150 g frische halbierte oder geviertelte Champignons (Egerlinge)
2 cl herber Rotwein

Das Rindfleisch von allem sichtbaren Fett befreien. ½ Tasse Wasser mit Essig, Zwiebel, Lorbeer, Thymian und Pfefferkörnern aufkochen und abkühlen lassen. Das Fleisch darin ein bis zwei Tage marinieren.
Danach das Fleisch mit dem Sud, einer Tasse Wasser, den Gewürzen, Salz, den ganzen, geschälten Schalotten und Knoblauch schmoren, bis das Fleisch fast gar und die Flüssigkeit weitgehend eingekocht ist. So lange offen schmoren, bis sich am Topfboden ein brauner Belag bildet. Nun wiederum eine Tasse Wasser zugießen. Pilze und Rotwein zugeben und 10–15 Minuten weiter schmoren lassen, beliebig nachwürzen.

Hackfleischteig

E 30 g	F 5 g	KH 44 g
kcal 190	kJ 800	

125 g sehr mageres Rinder- oder Kalbshack oder Tatar
2 geh. EL Magerquark (60 g)
½ Zwiebel (20 g), in feinen Würfeln
1 Pr. Salz
1 Pr. Thymian oder Majoran
1 TL Senf, 1 Pr. Pfeffer oder Paprika
1 Msp. geriebene Schale einer unbehandelten Zitrone

Das Hackfleisch mit dem Quark, der Zwiebel, Salz, Gewürzen und Senf sehr gründlich kneten. Zwei Steaks oder sechs bis acht kleine Klößchen formen und diese etwa 10 Minuten ruhen lassen. Dann erst grillen, kochen oder in der beschichteten Pfanne braten.

Variationen

Mit dem Fleischteig können Sie ausgehöhltes Gemüse (Gurken, Kohlrabi, Auberginen, Zucchini oder Paprika) füllen und in Folie oder mit wenig Wasser im Schmortopf oder Backofen garen.

Merke: Kaufen Sie kritisch ein! Achten Sie besonders bei Hackfleisch darauf, daß nur mageres Fleisch verwendet wird.
Es bietet sich an, fettarmes Fleisch am Stück zu kaufen und selbst durch den Fleischwolf zu drehen. Oder wählen Sie in der Metzgerei selbst die geeigneten Stükke vor dem Zerkleinern aus. Tatar enthält die geringste Menge an Fett.

Currygeschnetzeltes mit Ananas

E 26 g	F 7,5 g	KH 6 g
kcal 200	kJ 840	

125 g	Kalbfleisch, in feinen Streifen
1 TL	Curry
1 TL	Öl (5 g)
1 Pr.	Salz
1 Pr.	Zitronenpfeffer
50 g	Ananas, in Stücken
5 cl	Ananassaft oder Brühe

Das Kalbfleisch mit Curry bestreuen und mehrmals wenden. Eine beschichtete Pfanne dünn mit Öl ausstreichen, das Fleisch kurz darin braten und an den Pfannenrand schieben.

Ananas und Flüssigkeit zugießen und dabei den Pfannenansatz loskochen. Die Früchte mit dem Fleisch mischen, zugedeckt ohne weitere Hitzezufuhr einige Minuten ziehen lassen, eventuell nochmals nachwürzen.

Pfannengerührtes Rinderfilet

E 26 g	F 10 g	KH 4 g
kcal 225	kJ 940	

125 g Rinderfilet, in dünnen Streifen
1 EL Sojasoße
1 cl Sherry
1 TL Zitronensaft
1 TL Öl (5 g)
1 Pr. Pfeffer
200 g Eisbergsalat, in kleinen Stücken
1 Pr. Kräuter der Provence
oder ½ TL Curry

Die Filetstreifen mit Sojasoße, Sherry und Zitronensaft mindestens ½ Stunde marinieren, dabei öfters wenden.
Das Öl in einer großen Pfanne erhitzen, das Fleisch kurz unter Rühren anbraten und würzen. Dann das Fleisch an den Pfannenrand schieben und den Eisbergsalat in die Pfannenmitte geben. Diesen unter Rühren kurz dünsten und ebenfalls würzen. Nun das Fleisch mit dem Gemüse mischen und kurz nachziehen lassen.

Variationen

Sie können das Gericht auch mit magerem, fein geschnetzeltem Kalb- oder Putenfleisch oder mit groß gewürfeltem Fischfilet zubereiten.
Statt Gemüse können Sie 20 g Glasnudeln (½ Stunde in lauwarmem Wasser eingeweicht) mitschmoren.

Tafelspitz mit Meerrettich

E 26 g	F 29 g	KH 1,2 g
kcal 380	kJ 1590	

Für 4 Portionen

600 g mageres Ochsenfleisch vom Rosenstück (das schmale Ende = Tafelspitz)
1 TL Salz
1 Lorbeerblatt
100 g Karotten, in Stücken
100 g Sellerie, im Stück
100 g Lauch
1 EL geschnittener Schnittlauch
60 g geriebener Meerrettich

In einem großen Topf 1½ l Wasser zum Kochen bringen. Das Fleisch mit Gewürzen und dem Gemüse einlegen. Das Ganze 1–2 Stunden sieden, aber nicht sprudelnd kochen, bis das Fleisch weich ist (30 Minuten Garzeit im Dampfdrucktopf).
Das Fleisch in dünne Scheiben schneiden, mit etwas durchgeseihter Brühe begießen und mit Schnittlauch bestreut servieren. Den Meerrettich getrennt dazu reichen.

Tip

Übriggebliebenes Fleisch können Sie zu Rindfleischsalat oder Eintopfgerichten, die entfettete Brühe für eine Suppe verwenden oder für andere Gelegenheiten einfrieren.

Gegrilltes Schweinefilet mit Lauch und Karotten

E 29 g	F 18 g	KH 19 g
kcal 365	kJ 1530	

125 g gehäutetes Schweinefilet, in 2–3 cm dicken Scheiben
1 TL Öl (5 g)
200 g Lauch, in 5 cm langen, dünnen Streifen
100 g Karotten, in Scheiben
1 Pr. Zitronenpfeffer
1 Pr. Salz

Die Filetstücke mit dem Handballen leicht flach drücken, rundum mit Öl dünn bestreichen und kurz ruhen lassen.

Den Lauch und die Karotten über Wasserdampf oder mit wenig Wasser fast gar dämpfen und mit Zitronenpfeffer und Salz würzen. Währenddessen das Fleisch von beiden Seiten je 2–3 Minuten grillen oder in einer beschichteten Pfanne braten, dann salzen. Das Bratfett mit Küchenkrepp abtupfen und das Fleisch zusammen mit dem Gemüse anrichten.

Wild- und Geflügelgerichte

Rehbraten Brabanter Art

E 25 g	F 4 g	KH 4,5 g
kcal 160	kJ 670	

Für 4 Portionen

500 g gehäutetes Rehfleisch oder Schmaltier, ohne Knochen
½ l Buttermilch
1 Zwiebel (50 g), in feinen Ringen
1 Knoblauchzehe, in Stiften
1 Lorbeerblatt
1 Zweig Thymian oder 1 TL gerebelte Blättchen
1 Pr. Salz
⅛ l entfettete Brühe
100 g entsteinte Sauerkirschen
1 EL geschnittener Schnittlauch

Das Fleisch einen Tag in Buttermilch einlegen, dann abwaschen und gut abtrocknen.
Zusammen mit den Zwiebelringen, dem Knoblauch, den Gewürzen und der Brühe in einen Bratbeutel füllen und verschließen. 1–2 kleine Löcher oben einstechen. Bei etwa 250°C 30 Minuten braten, dann die Hitze auf 180°C zurückstellen und eine weitere halbe Stunde garen.
Das Fleisch herausnehmen, die Soße durchseihen und die Kirschen zugeben. Das Fleisch in Scheiben schneiden, diese eng zusammenlegen und mit in die Soße geben. Zugedeckt bei schwächster Hitze etwa 15 Minuten ziehen lassen. Die Soße eventuell nachwürzen.

Variation

Für ein **Wildragout** das Fleisch in Würfel schneiden. Ohne vorherige Beize mit den angegebenen Zutaten zugedeckt etwa 1 Stunde schmoren. ⅛–¼ l Flüssigkeit zugeben und die Soße, wie oben angegeben, abschmecken.

Rehmedaillon mit Pfifferlingen

E 30 g	F 7,5 g	KH 6 g
kcal 220	kJ 920	

125 g Rehfilet, in 2 cm dicken Scheiben
1 TL Öl (5 g)
je 1 Pr. Salz und Pfeffer
½ gehackte Zwiebel (30 g)
100 g frische Pfifferlinge
1 EL grob gehackte krause Petersilie

Das Rehfilet, wenn nötig, häuten und die Scheiben mit dem Handballen leicht klopfen. Mit Öl bestreichen, würzen und von beiden Seiten 2–3 Minuten in einer heißen Pfanne braten. Das Fleisch herausnehmen und warm halten. Im übrigen Bratfett die Zwiebel andünsten und die Pilze mitschmoren. Die Soße nach Belieben mit ein paar Eßlöffeln Wasser loskochen. Das Fleisch wieder zugeben, eventuell nachwürzen und mit viel Petersilie bestreut anrichten.

Hähnchenbrustfilet mit Bohnen und Austernpilzen

E 42 g	F 6,5 g	KH 12 g
kcal 280	kJ 1170	

1 Hähnchenbrustfilet (150 g)
1 Pr. Pfeffer oder grüner Pfeffer
1 Pr. Salz
1 TL Öl (5 g)
150 g geputzte, feine grüne Bohnen
150 g kleine Austernpilze, größere eventuell halbiert oder geviertelt
1 Pr. Bohnenkraut

Das Hähnchenbrustfilet würzen, dünn mit Öl bestreichen und in einer beschichteten Pfanne rundum etwa 10 Minuten goldbraun braten. Das Fleisch aus der Pfanne nehmen und in Folie wickeln. Währenddessen die Bohnen in Salzwasser weichkochen, abseihen und kalt abschrecken.

Die Pilze in der gleichen Pfanne gar dünsten, die Bohnen zugeben, würzen und erwärmen. Das Fleisch in Scheiben schneiden und zusammen mit dem Gemüse anrichten.

Tip

Sie können das Hähnchenbrustfilet mit dem Gemüse auch gut über Dampf garen. Zuerst die Bohnen, dann das Fleisch zugeben und etwa 10 Minuten dämpfen. Dann die Pilze einlegen und alles zusammen weitere 5 Minuten garen. Eine Zugabe von Öl ist hierbei nicht notwendig. Sie sparen dadurch etwa 50 kcal.

Chop Suey – Chinesisches Huhn

E 27 g	F 5 g	KH 8 g
kcal 190	kJ 800	

100 g gekochtes oder gebratenes Hühnerfleisch ohne Haut, in Streifen
50 g Soja- oder Bambussprossen
50 g Lauch, in streichholzlangen Streifen
¼ l entfettete Hühnerbrühe
½ TL Ingwerpulver oder
1 TL frisch geriebene Ingwerwurzel
1–2 EL Sojasoße
1 Pr. Chinagewürz

Das Gemüse in der Brühe kurz dünsten, es soll bißfest bleiben. Nun das Fleisch zugeben und mild oder scharf, je nach Belieben, würzen.

Variationen

Wenn Sie gerne Glasnudeln essen, weichen Sie 15 g eine halbe Stunde in lauwarmem Wasser ein. Zuletzt zum Chop Suey geben und untermischen (15 g Glasnudeln enthalten etwa 60 kcal).

Sie können das Gericht auch beliebig mit anderen fettarmen Fleisch- und kalorienarmen Gemüsesorten variieren.

Pfannengerührtes Putenfleisch

E 28,5 g	F 8 g	KH 6 g
kcal 215	kJ 905	

- 125 g Putenbrust, in feinen Streifen
- 1 TL Öl (5 g)
- 1 Pr. Salz
- ½ TL Thymian
- 1 Pr. Pfeffer oder Paprika
- 100 g Champignons (Egerlinge), in Blättchen oder
- Bleichsellerie in feinen Ringen
- 100 g gehäutete Fleischtomaten, in Würfeln
- eventuell ⅛ l entfettete Brühe

Eine große Pfanne erhitzen, das Putenfleisch in Öl kurz unter Rühren anbraten und würzen. Die Pilze oder den Sellerie zufügen und kräftig weiterrühren. Zuletzt die Tomatenwürfel zugeben und, wenn Sie Soße lieben, Brühe zugießen. Nach Belieben mit zarten Kerbel- oder Petersilienblättchen oder Korianderzweigen bedeckt anrichten.

Tip

Koriander können Sie im Blumentopf aus den Samen selbst ziehen.

Fischgerichte

Fischsuppe

E 40 g	F 4 g	KH 13 g
kcal 255	kJ 1070	

Für die Brühe:

etwa 250 g Fischgräten, Köpfe oder Fischabfälle
1 Tomate, in Stücken
das Grüne von 1 Lauchstange
1 Knoblauchzehe
1 Pr. Salz, 1 TL Essig
2–3 Pimentkörner

Einlage:

100 g Fischfilet, in Würfeln
1 Scampi (50 g)
150 g gewaschene und gebürstete Muscheln
50 g Lauch, der restliche weiße Anteil, in feinen Ringen
100 g Möhren, in feinen Stiften
1 Msp. Safran
1 Pr. Salz
1 TL Zitronensaft
1 TL gehackte Petersilie

Für die Brühe alle Zutaten mit ½ l Wasser aufsetzen und mindestens 30 Minuten kochen. Anschließend die Brühe abseihen und Fisch, Scampi, Muscheln, Gemüse, Safran und Salz hineingeben. Zugedeckt bei geringer Hitze 10 Minuten ziehen lassen. Eventuell nachwürzen und mit Zitronensaft und Petersilie abschmecken.

Gegrillte Kabeljauscheibe mit Dill-Joghurt-Soße

E 28 g	F 10 g	KH 5 g
kcal 230	kJ 965	

1 Kabeljauscheibe (etwa 200 g) oder
1 Fischfilet (150 g), (Goldbarsch, Seelachs, Scholle, Seezunge)
1 Pr. Salz
1 TL Öl (5 g)
5 g Mandelblättchen
½ Becher Joghurt (75 g), 3,5% Fett
1 Pr. Salz
1 Pr. Pfeffer oder Zitronenpfeffer
1 EL gehackter Dill
1–2 Dillzweige

Den Fisch mit Zitronensaft beträufeln, salzen und mit Öl bestreichen. Unter dem Grill von beiden Seiten je 2–3 Minuten garen (oder in der Pfanne bei starker Hitze kurz braten).
Die Mandelblättchen währenddessen in der Pfanne ohne Fettzugabe hellbraun rösten und auf dem fertigen Fisch verteilen. Joghurt mit Salz, Pfeffer und gehacktem Dill verrühren.
Den Fisch mit Dillzweigen garnieren und die Sauce getrennt dazu servieren.

Paprika-Fisch-Spießchen

E 29 g	F 6,5 g	KH 7,5 g
kcal 210	kJ 880	

150 g Fischfilet, in 3 cm großen Würfeln
1 EL Zitronensaft, 1 Pr. Salz
1–2 Holz- oder Metallspieße
150 g rote und grüne Paprikaschote, in großen Stücken
1 Pr. Pfeffer
1 TL Öl (5 g)

Den Fisch mit Zitronensaft beträufeln, leicht salzen und kurz ziehen lassen. Dann im Wechsel mit den Paprikastücken auf die Spieße stecken. Leicht pfeffern und dünn mit Öl bestreichen.
Unter dem Grill oder im heißen Backofen, in Folie oder in der beschichteten Pfanne rundum etwa 10 Minuten braten.

Pochierte Schollenfilets mit Krabben

E 45 g	F 2,5 g	KH 6 g
kcal 245	kJ 1025	

2 Schollenfilets (200 g)
1 TL Zitronensaft
100 g Lauch, in feinen Ringen
1/8 l kräftige Brühe
5 cl trockener Weißwein
je 1 Pr. Salz und Pfeffer
1 Msp. geriebene Schale einer unbehandelten Zitrone
50 g Nordseekrabben
krause Petersilie

Die Schollenfilets mit Zitronensaft beträufeln und kurz ziehen lassen. Den Lauch in der Brühe 2–3 Minuten kochen, dann die Hitze zurückschalten. Den Wein zugeben, würzen. Fischfilets hineinlegen und etwa 5 Minuten pochieren, das heißt nur heiß halten, aber nicht kochen. Die Krabben zufügen und weitere 5 Minuten bei geringster Hitzezufuhr dünsten. Sud nochmals abschmecken. Die krause Petersilie kleinzupfen und die Schollenfilets damit garnieren.

Fischfilet auf Gemüsevinaigrette

E 31 g	F 11,5 g	KH 12 g
kcal 285	kJ 1095	

200 g gemischtes Gemüse,
in kleinsten Würfeln oder Juliennestreifen
(Karotte, Sellerie, Lauch, Blumenkohl, Brokkoli)
½ Schalotte (10 g), in Würfeln
1 EL Öl (10 g)
1 EL Essig
je 1 Pr. Salz und Pfeffer
1 EL Kräuter, in Blättchen gezupft
150 g Fischfilet (Seelachs, Kabeljau, Steinbutt)
1 EL Zitronensaft
1 Pr. Salz

Das Gemüse über Wasserdampf garen. Noch heiß mit Schalotten, Öl, Essig, Salz und Pfeffer anmachen. 2–3 Eßlöffel des Kochsuds darüberträufeln. Den Fisch mit Zitronensaft und Salz würzen und unter dem Grill oder in Folie oder über Wasserdampf garen. Noch heiß auf die Gemüsevinaigrette legen. Mit Kräutern garnieren und warm oder kalt servieren.

Tip

Gemüsevinaigrette paßt auch gut zu kaltem Braten und gekochten Eiern.

Fischfilet im Bratbeutel

E 26 g	F 1,5 g	KH 2 g
kcal 130	kJ 550	

150 g Fischfilet
(Heilbutt, Kabeljau, Schellfisch, Goldbarsch oder
200 g Fischkotelett)
1 EL Zitronensaft
1 Pr. Salz
1 Pr. Pfeffer oder Zitronenpfeffer
eventuell 3–4 Senfkörner oder
1 Gewürznelke
2–3 zerdrückte Wacholderbeeren
½ Zwiebel (20 g), in feinen Würfeln
1 Bratbeutel mit Verschluß

Den Fisch waschen, trockentupfen, mit Zitronensaft beträufeln, salzen und nach Belieben würzen. Mit den Zwiebelwürfeln in den Bratbeutel geben, verschließen und 2 kleine Löcher in die Folie stechen. 10–15 Minuten, je nach Dicke des Fisches, bei 200° C im Ofen backen. Dann aus der Folie nehmen. Eventuell mit krauser Petersilie, Tomaten- und Zitronenecken anrichten.

Variation

Sie können auch kleine, ganze Fische, wie Forellen oder Renken, im Bratbeutel zubereiten. Die Garzeit liegt, je nach Größe, zwischen 15 und 30 Minuten. Garprobe: Das Fischfleisch muß sich von den Gräten lösen.

Beilagen

Reis

Eine Portion von 150 g gekochtem Reis entspricht dem Rohgewicht von 50 g. Beachten Sie diese Portionsgröße.
Ohne die Zugabe von Fett liefern

50 g roher Reis etwa 180 kcal.

Im Handel werden zahlreiche Reissorten angeboten. Neben den weißen polierten Sorten ist Vollkornreis eine gute Alternative. Er enthält alle wertvollen Bestandteile des Korns. Seine Garzeit ist gegenüber dem hellen Reis ein wenig länger.

Nudeln

Nehmen Sie als Beilage 50 g Nudeln für eine Portion, dies ergibt nach dem Kochen etwa 150 g. Ohne die Zugabe von Fett liefern

50 g rohe Nudeln etwa 200 kcal.

Auch bei Nudeln bieten sich die Produkte aus Vollkornmehl als gesunde Variation an. Darüber hinaus bringen Tomaten- und Spinatnudeln bunte Abwechslung.

Tip

Reis und Nudeln werden in sprudelndem Wasser gegart, abgeseiht und ohne Fettzugabe serviert. Beide können im gegarten Zustand in einem Sieb über Wasserdampf erwärmt werden.

Kartoffeln

Eine Kartoffelbeilage von 150 g liefert:

E 3 g	F 0 g	KH 29 g
kcal 130	kJ 550	

Eine Kartoffelbeilage von 200 g liefert:

E 4 g	F 0 g	KH 38 g
kcal 170	kJ 720	

Kartoffelbrei aus 150 g Kartoffeln und 60 ml Magermilch liefert:

E 8,4 g	F 0 g	KH 32 g
kcal 165	kJ 700	

Kümmelkartoffeln, in Folie gegart, aus 125 g Kartoffeln, 1 EL Öl, gehackter Petersilie und Kümmel liefern:

E 2 g	F 10 g	KH 24 g
kcal 200	kJ 840	

1 Kartoffelknödel, **tennisballgroß,** 90 g Gewicht, liefert:

E 1,5 g	F 0 g	KH 24 g
kcal 105	kJ 440	

Wird der Knödel mit gerösteten Weißbrotbröckchen gefüllt, erhöht sich der Fett-, Kohlenhydrat- und Kaloriengehalt unkontrollierbar!

Bratkartoffeln „Himmel und Erde“

E 2 g	F 5 g	KH 31 g
kcal 180	kJ 755	

100 g Kartoffeln, in 1 cm großen Würfeln
100 g Apfel, mit der Schale, in 1 cm großen Würfeln
1 TL Öl (5 g)
⅛ l entfettete Brühe
1 Pr. Salz
1 Pr. Majoran

Die rohen Kartoffeln in der beschichteten Pfanne in Öl anbraten. Die Äpfel zugeben und Flüssigkeit angießen, würzen. Zusammen schmoren, bis die Kartoffeln gar sind und die Flüssigkeit eingesogen ist.

Tip

Dieses Gericht können Sie gut zusammen mit einem frischen Salat servieren.

Gemüse

Essen Sie viel Gemüse!
Dieses sollte möglichst immer frisch und nur in Ausnahmefällen tiefgefroren oder aus Dosen sein.
Geben Sie, auch wenn erlaubt, nur wenig Fett (Butter, Margarine oder Öl) und möglichst immer erst nach dem Kochen dazu.
Bei Tiefkühlgemüse sollten Sie die Zutatenlisten aufmerksam lesen. Oft ist Sahne oder Fett enthalten, und diese Gemüsezubereitungen eignen sich nicht für Ihre Diät.
Bereiten Sie zu dem Gemüse **keine** dikken Soßen oder Mehlschwitzen, auch Semmelbrösel, Röstzwiebeln oder braune Butter beziehungsweise Kräuterbutter erhöhen den Kaloriengehalt unnötig.
Besonders **kalorienarme** Gemüsesorten sind Spargel, Blumenkohl, Champignons, Spinat, Gurken, Tomaten, Zucchini, Kopfsalat, Chinakohl, Chicorée und Mangold, **Sprossen und Keime** von Soja, Alfalfa und Rettich.
An strengen Diättagen sollten Sie auf diese Sorten zurückgreifen und sie ohne Fettzugabe, aber mit vielen Kräutern und Gewürzen zubereiten. Dünsten Sie sie in wenig Flüssigkeit so kurz wie möglich, damit das feine Gemüse knackig bleibt.

Gebackene Auberginen

E 4 g	F 5,4 g	KH 15 g
kcal 130	kJ 545	

- 1 Aubergine (200 g)
- 1 TL Öl (5 g)
- ½ Zwiebel (30 g), in Würfeln
- 1 zerdrückte Knoblauchzehe
- 100 g gehäutete Tomaten, grob gehackt
- 1 Pr. Salz
- 1 Pr. Kräuter der Provence
- 1 TL Zitronensaft

Die Aubergine längs halbieren. Ein Pfännchen oder eine kleine Auflaufform mit Öl bestreichen und darin die Auberginenhälften etwa 10 Minuten bei 200°C im Ofen backen. Anschließend herausnehmen, die Zwiebeln und Tomaten im übrigen Fett andünsten und würzen. Die Auberginen in der Mitte aushöhlen. Das Fruchtfleisch mit der Zwiebel-Tomaten-Masse mischen und in die Auberginen füllen. Im Ofen nochmals kurz überbacken.

Tip

Backen Sie die doppelte Menge Auberginen, und essen Sie das übrige Püree am nächsten Tag kalt, zusammen mit ein paar Tropfen Olivenöl. Würzen ist dazu nicht nötig.

Gemüsevariation „Helgoland“

E 4,8 g	F 5 g	KH 6,3 g
kcal 90	kJ 375	

- 125 g Champignons, in Blättchen
- 1 TL Öl (5 g)
- 50 g halbierte Kirschtomaten oder kleine Tomaten, geviertelt
- 50 g Wasserkresse
- je 1 Pr. Salz und Zitronenpfeffer

Die Pilze in Öl anschmoren. Die Kirschtomaten und die Kresse zugeben, würzen. Kurz unter starker Hitzezufuhr rühren, bis die Tomaten heiß sind, und sofort servieren.

Kalorienarme Gemüsebeilagen

E 3 g	F 0 g	KH 7 g
kcal 40	kJ 170	

- 200 g Gemüse (siehe Aufzählung im einleitenden Text), beliebig klein geschnitten
- ⅛ l Wasser oder entfettete Brühe
- 1 Pr. Salz
- 1 TL frische, gehackte Kräuter oder 1 Pr. getrocknete Kräuter (Petersilie, Dill, Schnittlauch, Basilikum, Thymian)

Das Gemüse in der Flüssigkeit fast gar dünsten oder dämpfen. Danach erst schwach salzen und mit Kräutern bestreuen.

Variation

Das Gemüse in Alufolie oder Kochbeuteln verpacken, im Wasser garen und nachträglich würzen.

Lecsó – ungarisches Paprikagemüse

E 3,5 g	F 1 g	KH 19 g
kcal 100	kJ 420	

- 100 g rote Paprikaschoten, in 2 cm großen Stücken
- 100 g Tomatenpaprika, in 2 cm großen Stücken
- 1 Zwiebel (50 g), in Würfeln
- 50 g Tomatenketchup
- 1/8 l entfettete Brühe
- 1 Pr. Salz
- 1 Tropfen Süßstoff
- 1 TL Essig oder Zitronensaft
- 1 gehackte Knoblauchzehe

Alle Zutaten zusammengeben und mindestens 30 Minuten zugedeckt dünsten. Zuletzt bei geöffnetem Deckel die Flüssigkeit weitgehend einkochen lassen.

Tip

Dieses ungarische Paprikagemüse kann heiß oder kalt als Salat gegessen werden. Geben Sie nach Belieben mehr Essig oder Zitronensaft dazu.

Gedünstete Zucchinifächer

E 2 g	F 0 g	KH 12 g
kcal 60	kJ 250	

200 g Zucchini
½ TL Salz
1 EL Zitronensaft
1 Msp. geriebene Schale einer unbehandelten Zitrone
½ Tasse kräftige, entfettete Brühe
1 Pr. Muskat
1 EL gemischte, gehackte Kräuter, vor allem Dill

Die Zucchini in der Mitte teilen und fächerförmig einschneiden, leicht einsalzen und das Salz kurz einziehen lassen. Dann mit Küchenkrepp abtupfen. In einem kleinen Topf mit Brühe, Zitronensaft und -schale und Muskat bißfest garen. Zuletzt mit Kräutern bestreuen.

Tip

Das Zucchinigemüse können Sie warm als Gemüse oder kalt als Salat essen. Mit Olivenöl angedünstet, bekommt es ein besonders feines Aroma. Die Kalorienzahl erhöht sich entsprechend (1 TL Öl (5 g) = etwa 45 kcal).

Gedämpfter Kohl

E 3,5 g	F 4,6 g	KH 10 g
kcal 100	kJ 420	

¼ kleiner Kohlkopf (250 g mit Strunk) (Weißkohl, Spitzkohl, Wirsing)
1 Pr. Salz
1 Pr. Pfeffer
¼ TL Kümmel, Anis oder Koriander
1 TL Butter oder Margarine (5 g)

Den Kohl waschen und in der Mitte einmal so durchschneiden, daß die Blätter sich nicht vom Strunk trennen. Nun beliebig würzen und in einem Topf über Wasserdampf oder mit einer Tasse Wasser 5–10 Minuten dämpfen. Mit einem Messer oder Hölzchen die Garprobe machen. Erst kurz vor dem Anrichten Butter oder Margarine darüber schmelzen.

Kohlröschen grün und weiß

E 7 g	F 3 g	KH 15 g
kcal 120	kJ 500	

125 g Blumenkohl, in Röschen
125 g Brokkoli, in Röschen
1 Pr. Salz
1 Pr. Muskat oder weißer Pfeffer
5 g Mandelblättchen

Den Blumenkohl und den Brokkoli getrennt in Salzwasser bißfest garen. Oder zusammen über Wasserdampf garen, dann würzen. Mandelblättchen in der Pfanne ohne Fettzugabe (= trocken) rösten und über den abgetropften Kohl streuen.

Tip

Reste von Blumenkohl oder Brokkoli brauchen Sie nur kurz zu blanchieren und einzufrieren. Sie können auch Tiefkühlbrokkoli für dieses Gericht verwenden, kurzes Erwärmen ist dann ausreichend.

Rohkost und Salate

Essen Sie viel Salat!
Das Angebot an Blattsalaten ist umfangreich und bringt Abwechslung das ganze Jahr. Folgende Sorten bieten sich an: Batavia, Chinakohl, Chicorée, Eichblatt, Eisberg, Endivien, Feldsalat (Rapunzel), Frisée, Kresse, Kopfsalat, Lollo Rosso, Löwenzahn, Radicchio, Romana, Schnittsalat, Spinat.
Verwenden Sie diese Salate einzeln oder gemischt. Eine Portion von 50–100 g Salatblättern liefert etwa 10–20 kcal.

Für das Dressing

1 EL Essig oder Zitronensaft
1 Pr. Salz
1 Pr. Pfeffer, eventuell Zitronenpfeffer
1 Pr. Zucker oder wenig Süßstoff
1 TL Öl (5 g), eventuell Olivenöl
Kräuter, Senf, Meerrettich oder Zwiebeln zum Würzen

Gurkensalat, moderne Art

E 2,5 g	F 1,8 g	KH 3 g
kcal 40	kJ 170	

1–2 Salatblätter
150 g Gurke in Stiften oder Würfeln
50 g Joghurt, 3,5% Fett
1 TL Zitronensaft oder Weißweinessig
1 Pr. Salz
1 Pr. weißer Pfeffer
2–3 EL gezupfte Kräuter
(Estragon, Dill und Kerbel)

Die Salatblätter in einer Schale auslegen und die Gurkenstücke darauf anrichten. Joghurt mit Zitronensaft, Salz und Pfeffer kräftig verrühren und über die Gurken geben. Kräuter locker darüber verteilen.

Tip

Mit 50 g magerem gekochtem Schinken und 2 Scheiben Knäckebrot ist dieser Salat ein schnelles Abendessen (zusammen etwa 250 kcal).
Gut gewaschen können Sie die Gurke auch ungeschält verwenden. Das ist dekorativer.

Möhrensalat mit Stangensellerie

E 4 g	F 1,5 g	KH 20 g
kcal 110	kJ 460	

150 g Möhren, in Scheiben
100 g Stangensellerie, in Scheiben
1–2 EL Zitronensaft
1 Pr. Salz
1 EL geschnittener Schnittlauch
10 g gehackte oder geröstete Haselnüsse

Die Möhren und den Sellerie über Dampf bißfest garen. Beides noch warm mit Zitronensaft beträufeln und würzen. Mit Schnittlauch und Haselnüssen bestreuen.

Variationen

Statt mit Nüssen den Salat mit 1 Teelöffel Öl (5 g), eventuell Olivenöl, anmachen und statt Zitronensaft nach Belieben Essig nehmen.
So können Sie alle gekochten Gemüse zu Salat anmachen und auch mit frischen Blattsalaten zusammen anrichten.

Spargelsalat mit Zuckerschoten

E 7,5 g	F 3 g	KH 12 g
kcal 110	kJ 460	

Für 2 Portionen

300 g entfädelte Zuckerschoten
(= Mangetouts)
300 g frische, geschälte Spargel oder
aus der Dose
1 Eigelb
2 EL Zitronensaft
1 Msp. Senf
1 Pr. Salz
1 Pr. Muskat
2 EL gezupfte Kräuterblättchen
(Brunnenkresse, Löffelkraut oder Kerbel)

Die Zuckerschoten 5 Minuten kräftig kochen lassen und anschließend kalt abschrecken.
Frischen Spargel in Salzwasser garen, Dosenspargel nur abseihen. Das Gemüse dekorativ auf einer Platte anrichten.
Eigelb mit Zitronensaft, Senf, Salz, Muskat und 1–2 EL Spargelwasser kräftig verschlagen und über das Gemüse geben.
Vor dem Servieren Kräuterblättchen lokker darüber verteilen.

Tip

Dazu passen kalter Kalbsbraten, Putenbrust, Hühnerbrust oder Bündner Fleisch und Knäckebrot.

Spinatsalat mit roten Zwiebeln

E 1,3 g	F 5 g	KH 4 g
kcal 70	kJ 295	

50 g kleine Spinatblättchen
1 kleine rote Zwiebel (30 g), in Ringen
1 TL Olivenöl (5 g)
1 TL Essig
1 Pr. Salz
1 Msp. Senf
eventuell 1 Tropfen Süßstoff

Die Spinatblättchen schuppenförmig auf einen Glasteller legen und die Zwiebelringe darüber verteilen.
Aus Öl, Essig, Salz, Senf und Süßstoff eine Marinade aufschlagen und über das Gemüse träufeln.

Lollo Rosso mit Joghurtdressing

E 3,9 g	F 8 g	KH 9,6 g
kcal 130	kJ 545	

50 g Lollo-Rosso-Salat
50 g Joghurt, 3,5% Fett
1 Pr. Salz
1 Msp. Honig
1 Msp. Senf
1 EL Zitronensaft
10 g geröstete Haselnußblättchen

Die Salatblätter in einer Schale anrichten.
Aus Joghurt, Salz, Honig, Senf und Zitronensaft ein Dressing rühren und über den Salat träufeln.
Mit Nußblättchen bestreuen.

Marinierte Austernpilze

E 4,5 g	F 10 g	KH 4,5 g
kcal 130	kJ 545	

150 g kleine Austernpilze
1 gehackte Knoblauchzehe
1 EL Olivenöl (10 g)
1 Lorbeerblatt
1 Pr. Salz
1 Pr. Kümmel
1 EL Zitronensaft oder Essig
1 TL gehackte Petersilie

Die Austernpilze nach Belieben kleiner schneiden und mit Knoblauch bestreuen. Das Öl in der Pfanne leicht erhitzen und das Lorbeerblatt darin anrösten. Nun die Pilze zugeben, mit Salz und Kümmel würzen, kurz dünsten und dabei mehrmals wenden. Nach dem Abkühlen mit Zitronensaft oder Essig säuern und mit Petersilie bestreuen. Vor dem Servieren etwa 15 Minuten ziehen lassen.

Feldsalat mit Orangenfilets

E 1 g	F 5 g	KH 5,5 g
kcal 75	kJ 315	

50 g geputzter Feldsalat
50 g Orangenfilets
1 TL Öl (5 g)
1 Pr. Salz
1 EL Zitronensaft
1 Msp. Senfpulver oder Ingwerpulver
1 Tropfen Süßstoff

Den Feldsalat und die Orangenfilets dekorativ auf einem Glasteller verteilen. Aus Öl, Salz, Zitronensaft und Gewürzen eine Soße rühren und über die Salatblätter träufeln.

Tip

Orangenfilets sind Orangenschnitze, von denen das Häutchen entfernt wurde.

Bunter Blattsalat mit Obst

E 0,5 g	F 5 g	KH 13 g
kcal 100	kJ 420	

50 g gemischte Salatblätter
(Radicchio, Feldsalat, Chicorée,
Lollo Rosso)
100 g ungeschälter, roter Apfel, in feinen
Schnitzen oder
50 g Mango, Aprikosen oder frische
Erdbeeren
1–2 EL Zitronensaft
1 TL Senf
1 Pr. Pfeffer
1 TL Öl (5 g)
1 EL geschnittenen Schnittlauch

Die Salatblätter mit den Apfelschnitzen oder den anderen Früchten mischen. Aus Zitronensaft, Senf, Pfeffer und Öl eine Soße bereiten, den Salat damit anmachen und mit Schnittlauch bestreuen.

Tips für die Kräuterküche

- Basilikum können Sie im Blumentopf am Küchenfenster ziehen. Schneiden Sie nur die Blätter, nicht die ganzen Zweige ab, dann wächst das Kraut immer wieder nach.
- Frieren Sie ganze, nicht gehackte Basilikum- oder Petersilienblätter ein, sonst tritt der Saft aus und sie verlieren ihr Aroma.
- Gartenkresse können Sie auf nassem Küchenkrepp, eng gesät und viel gegossen, in jedem kleinen Gefäß, ja sogar im Suppenteller ziehen. Nach der ersten Ernte kann Kresse noch einmal nachwachsen.
- Streuen Sie nicht nur gehackte Kräuter über das Essen. Frisch gezupfte Blättchen sind immer dekorativ, auch auf Suppen und Soßen.

Süßspeisen und Desserts

Gelatine ist ein kohlenhydratfreies Bindemittel für süße und salzige Speisen. Gelatineblätter lassen sich einzeln gut für kleine Portionen verwenden.

- Die Blätter in ¼ l **kaltem** Wasser etwa 2–3 Minuten einweichen. Gelatineblätter nun aus dem Wasser heben, in einer Tasse in einem Wasserbad auflösen und an eine kalte Speise geben.
- Heißen Speisen können die eingeweichten Blätter unaufgelöst zugefügt werden. Die Speise wird fest, wenn sie erkaltet.
- Niemals sollte eine Flüssigkeit mit Gelatine gekocht werden!
- Eischnee oder Sahne kann erst an eine mit Gelatine verrührte Speise gegeben werden, wenn diese zu stocken beginnt, da sie sich sonst oben absetzt.

Erfrischender Zitronenschaum

E 2,7 g	F 0 g	KH 0,3 g
kcal 12	kJ 50	

Für 2 Portionen

- Saft von 1 Zitrone
- Süßstoff nach Geschmack
- 2 Blätter weiße Gelatine
- 1 Eiweiß
- Melisseblättchen nach Belieben

Den Zitronensaft mit Süßstoff und 1 Tasse Wasser (⅛ l) verrühren.
Gelatine lösen (siehe oben). Mit dem vorbereiteten Zitronensaft mischen und kalt stellen, bis die Speise zu gelieren beginnt.
In der Zwischenzeit das Eiweiß schlagen und unterziehen.
Das Dessert in hohen Gläsern anrichten und mit Melisseblättchen verzieren.

Fruchtgelee

E 0 g	F 0 g	KH 16 g
kcal 65	kJ 275	

- 100 ml frisch gepreßter oder ungesüßter Fruchtsaft (Kirsch-, Johannisbeer- oder Orangensaft), 1 TL Zitronensaft
- 1 Msp. geriebene Schale einer unbehandelten Zitrone
- Süßstoff nach Geschmack
- je 1 Blatt rote und weiße Gelatine

Den Fruchtsaft mit Zitronensaft und -schale und Süßstoff abschmecken.
Die Gelatineblätter in kaltem Wasser einweichen, herausheben und in 50 ml heißem Wasser auflösen. Den vorbereiteten Saft damit vermischen. Die Flüssigkeit in eine Schale füllen und kalt stellen, bis das Gelee fest geworden ist.
Merke: Nehmen Sie bei hellem Saft nur weiße Gelatine.

Melonensalat

E 2 g	F 0 g	KH 18 g
kcal 80	kJ 335	

150 g Melonen, in Würfeln oder ausgestochenen Kugeln
1 Pr. Salz
1 EL Zitronensaft
1 EL Rosenwasser
3–4 Tropfen Süßstoff
50 g Pfirsich, in Schnitzen
1 Minze- oder Melissezweig

Die Melone leicht mit Salz bestreuen, mit Zitronensaft und Rosenwasser mischen und zugedeckt 1–2 Stunden kalt stellen. Anschließend den Süßstoff darüberträufeln und mit den Pfirsichschnitzen und dem Minze- oder Melissezweig in einer Schale anrichten.

Quarkcreme mit Früchten

E 8 g	F 0 g	KH 12 g
kcal 80	kJ 335	

150 g geviertelte Erdbeeren
oder Himbeeren
oder 100 g Birnen, in Schnitzen
oder Heidelbeeren oder Kirschen
1 TL Zitronensaft
1–2 TL flüssiger Süßstoff
50 g Magerquark

Die Früchte mit Zitronensaft und Süßstoff mischen. Nach Belieben pürieren oder in Stücken lassen. Den Quark unterrühren und mit Fruchtstücken garnieren.

Erdbeersorbet

E 0,8 g	F 0 g	KH 12 g
kcal 70	kJ 295	

Für 2 Portionen

150 g tiefgefrorene Erdbeeren,
Himbeeren, Brombeeren oder
Heidelbeeren
⅛ l herber Weißwein
2–3 Tropfen Süßstoff
1 Msp. geriebene Schale einer
unbehandelten Zitrone
1 TL Zitronensaft

Die leicht angetauten Beeren mit den übrigen Zutaten im Mixer oder mit dem Pürierstab auf höchster Stufe pürieren.
In ein gut gekühltes Glas füllen und sofort servieren.

Moccacreme

E 3 g	F 4,5 g	KH 1 g
kcal 60	kJ 250	

Für 2 Portionen

1 Tasse kalter Bohnenkaffee oder
1 Tasse Wasser und 1 TL Pulverkaffee
Süßstoff nach Geschmack
2 Blätter weiße Gelatine
1 Eiweiß
1 gehäufter Eßlöffel Schlagsahne (30 g)

Den Bohnenkaffee oder das Wasser mit Pulverkaffee und Süßstoff abschmecken. Die Gelatine in kaltem Wasser einweichen, herausheben und in einer Tasse mit 2–3 Eßlöffeln von der Kaffeemischung im Wasserbad auflösen. Den restlichen Kaffee untermischen und bis zum Gelieren kalt stellen. Anschließend das Eiweiß zu Schnee schlagen, Schlagsahne steif schlagen und beides unter die gelierende Moccamasse ziehen. In 2 Schalen füllen und nochmals kalt stellen.
Oder die Schlagsahne erst vor dem Servieren als Tupfer auf die Creme setzen.

Aprikosenschnee

E 5 g	F 0 g	KH 12 g
kcal 70	kJ 295	

100 g Aprikosen, in Stücken
Süßstoff nach Geschmack
1 TL Zitronensaft
1 Eiweiß

Die Aprikosen mit 3–4 EL Wasser dünsten, pürieren und mit Süßstoff und Zitronensaft abschmecken. Nach dem Abkühlen das Eiweiß zu Schnee schlagen und unterziehen.

Variationen

Für Fruchtschnee können Sie 100 g Apfelmus oder andere Kompottfrüchte, wie Birnen oder pürierte Pfirsiche, verwenden.

Tip

1 Portion **Kompott**
aus 100 g Obst mit Süßstoff und Zitronensaft enthält etwa 50 kcal.
Wenn Sie 15 g Zucker dazugeben, enthält es etwa 120 kcal.
1 Portion gesüßtes Dosenobst kann bis zu 200 kcal enthalten.

Gebäck

Brot aus dem Tontopf

Für 30 halbe Scheiben

E 3 g	F 3 g	KH 18 g
kcal 95	kJ 400	

500 g Weizenschrot
½ l Wasser
2 Päckchen Trockenhefe
1 EL Salz
1 TL Brotgewürz, ganz oder gemahlen
250 g Mehl, Type 405
2 EL flüssige Butter oder Margarine (20 g)
1 gewässerter Tontopf für 1½ l

Das Weizenschrot mit Wasser anrühren und 4–5 Stunden quellen lassen. Anschließend Trockenhefe, Salz und Gewürze einarbeiten und den Teig ½ Stunde ruhen lassen. Danach das helle Mehl unterkneten. Tontopf und Deckel sorgfältig fetten, den Teig einfüllen, den Topf schließen und 15 Minuten an einem warmen Ort stehen lassen.
In den kalten Backofen geben. Auf 200°C einstellen und etwa 2 Stunden backen.

Tip

Man erkennt am Klopfen, ob das Brot durchgebacken ist. Es klingt hohl, wenn Sie an den frisch gebackenen, heißen Laib klopfen.

Ursula-Brötchen

1 Stück enthält

E 5 g	F 4 g	KH 12 g
kcal 110	kJ 640	

Für 12 Stück

200 g Mehl
1 Pr. Salz
1 Päckchen Backpulver
1 TL Oregano
1 TL Kümmel
50 g Butter oder Margarine
80 ml Tomatensaft oder Magermilch
200 g körniger Frischkäse

Das Mehl mit Salz und Backpulver sieben. Gewürze und kalte Butter- oder Margarineflöckchen zugeben und mit dem Mehl gut verbröseln.
Mit Tomatensaft oder Magermilch zu einem Teig verarbeiten und zuletzt den körnigen Frischkäse untermischen. Daraus 12 kleine, längliche Brötchen formen, auf ein mit Alu- oder Backfolie belegtes Blech legen und 30 Minuten bei 200°C backen.

Variationen

Das Rezept können Sie beliebig mit Kräutern oder Gewürzen verändern. Zum Beispiel mit Thymian, Salbei, Knoblauch, Paprika oder Zwiebelwürfeln.

Kümmelstangen

1 Stück enthält

E 0,8 g	F 1,3 g	KH 2,8 g
kcal 30	kJ 130	

Für 40 Stück

1 Rezept für Quark-Öl-Teig, ohne Süßstoff
1 Eiweiß
1 EL Kümmel
1 TL Salz, eventuell grobes Meersalz

Den Teig wie auf Seite 79 angegeben zubereiten.

In 4 Teile teilen und jedes Teil nochmals in 10 Stücke schneiden. Diese mit bemehlten Händen zu etwa 10 cm langen Stangen rollen und auf ein mit Backpapier belegtes Blech geben. Das Eiweiß leicht verschlagen, die Stangen damit bestreichen und mit Salz und Kümmel bestreuen.

Bei 200° C 5–7 Minuten hellbraun backen.

Brötchen ohne Kohlenhydrate

1 Stück enthält

E 6 g	F 3 g	KH 0,6 g
kcal 55	kJ 230	

Für 6 Stück

- 3 Eier
- 100 g trockener Magerquark
- 1 Pr. Salz
- Gewürze nach Wahl oder
- 1–2 Tropfen Süßstoff

Die Eier sorgfältig trennen. Die Eigelbe mit Quark und den Würzzutaten mischen. Die Eiweiße zu sehr steifem Schnee schlagen und unter die Eigelb-Quark-Masse ziehen. Ein Backblech mit Alu- oder Backfolie belegen, 6 Häufchen der fertigen Masse daraufsetzen und 60 Minuten bei 150° C backen. Im Ofen erkalten lassen.

Merke: Mit Speisequark (20% Fett i.Tr.) gelingen die Brötchen nicht.

Der Magerquark sollte möglichst trocken sein. Bei sehr feuchtem Quark etwa 150 g mit Küchenkrepp oder einem Tuch auspressen und erst dann die nötige Menge abwiegen.

Tip

Für Gebäck auf dem Blech belegen Sie das Kuchenblech mit Alu- oder Backfolie. Die Folie muß nicht gefettet werden. Das Gebäck löst sich von selbst, wenn es kalt geworden ist. Die Folie können Sie mehrmals verwenden!

Quark-Öl-Teig

1 Stück enthält

E 3,5 g	F 5,9 g	KH 12 g
kcal 120	kJ 500	

Für 9 Stück

- 75 g Magerquark
- 5 EL Öl (50 g)
- 50 ml Magermilch
- 1 Pr. Salz
- Süßstoff nach Geschmack
- 150 g Mehl, eventuell
- Weizenvollkornmehl (Type 1700)
- ½ Päckchen Backpulver

Den Quark mit Öl, Milch, Salz und Süßstoff verrühren. Das Mehl mit Backpulver sieben und zugeben. Nun den Teig rasch verkneten und 9 Stücke (siehe unten) daraus formen. Ein Kuchenblech mit Alu- oder Backfolie belegen und das Gebäck darauf bei 200° C 15–20 Minuten backen.

Tip

Sie können aus dem Teig sehr unterschiedliche Gebäcke zubereiten:

- süße oder salzige **Brötchen** oder **Brezeln**
- einen **Zopf** oder **Wecken**
- **Hörnchen** oder mit Obst oder Quarkfüllung **gefüllte Taschen** (die Kalorienzahl erhöht sich je nach Füllung)
- **Blechkuchen** mit Quarkaufstrich oder **Obstbelag.**

Merke: Teilen Sie Obstkuchen oder gefüllte Teilchen in 12 Stücke, um die oben angegebene Kalorienzahl einzuhalten.

Zarter Biskuit

1 Stück enthält

E 3 g	F 1 g	KH 12 g
kcal 70	kJ 295	

Für 20 Stück

3 große oder 4 kleine Eier
140 g Zucker
geriebene Schale von ½ unbehandelten Zitrone
1 Pr. Salz
140 g Mehl
3 Eiweiß
1 gefettete Kastenform, 30 cm lang

Die Eier mit dem Zucker so lange schlagen, bis eine dicklich-schaumige Masse entstanden ist. Die Zitronenschale, Salz und das frisch gesiebte Mehl unterrühren. Die Eiweiße zu Schnee schlagen und vorsichtig unterziehen. In die vorbereitete Form füllen und 45 Minuten bei 175°C backen.

Variationen

- Den 1–2 Tage alten Kuchen können Sie in dünne Scheiben schneiden und im Ofen bei 150°C zu **Zwieback** backen. Zwieback ist in Dosen lange haltbar. Nach Belieben den Biskuitteig mit 1 TL Anis würzen.
- Die Hälfte des Teiges mit **Kakao** färben. So erhalten Sie einen **fettarmen Marmorkuchen.**
- Eine Springform mit 26 cm Durchmesser mit Teig füllen und 200 g **Apfelschnitze** darauf verteilen.

Würzig-süßes Kaffeebrot

1 Stück enthält

E 3 g	F 0,8 g	KH 30 g
kcal 140	kJ 590	

Für 20 Scheiben

350 g Honig
½ l heißer Bohnenkaffee
450 g Weizenvollkornmehl (Type 1700)
30 g dunkler Kakao
½ TL Nelken
½ TL geriebene Muskatnuß
1 TL Zimt
1 Päckchen Backpulver
1 Pr. Salz
1 gefettete Kastenform, 30 cm lang

Den Honig mit heißem Kaffee begießen, gut verrühren und abkühlen lassen. Alle übrigen trockenen Zutaten in einer hohen Schüssel gut vermischen. Die abgekühlte Honig-Kaffee-Lösung zugießen und mit dem Knethaken oder Kochlöffel rasch zu einem Teig verkneten. In die vorbereitete Form füllen und bei 175°C etwa 1 Stunde backen.

Tip

Vor dem Anschneiden sollte das Kaffeebrot 2–3 Tage ruhen. Der Kuchen ist lange haltbar, wenn Sie das Gebäck in Folie packen und es kühl aufbewahren.

Merke: 1 Stück Rührkuchen mit Butter und Nüssen in gleicher Größe enthält etwa 300 kcal.

Gewürzplätzchen

1 Stück enthält

E 0,7 g	F 2 g	KH 4 g
kcal 40	kJ 170	

Für 50 Stück

80 g Butter
1 Ei
80 g brauner Zucker
40 g geriebene Blockschokolade
40 g geriebene Mandeln oder Nüsse
1 Msp. Zimt
1 Msp. Nelken oder Piment
170 g Mehl

Die Butter mit dem Ei und dem Zucker schaumig rühren, Schokolade, Mandeln oder Nüsse und Gewürze zufügen und das gesiebte Mehl unterkneten. Den Teig etwa 1 Stunde kalt stellen und danach dünn ausrollen und kleine Plätzchen ausstechen. Diese 15 Minuten bei 175° C backen.

Merke: Stechen Sie aus dem Teig 50 Plätzchen, so ergeben sich pro Plätzchen 40 Kalorien. Prägen Sie sich die Plätzchengröße mit der Kalorienzahl ein. Weihnachtsplätzchen enthalten pro Stück 40–100 kcal (zum Beispiel Zimtsterne, Nußmakrönchen und andere).

Kalte Speisen

Erfrischende pikante Salate sind immer willkommen.
Im Schraubglas oder in einer gut verschließbaren Plastikdose sind diese Salate auch als Proviant für den Ausflug oder zum Mitnehmen ins Büro geeignet.
Nicht nur Fisch, Rindfleisch und Wurst eignen sich zu Salaten, wie in folgenden Rezepten angegeben.

Versuchen Sie diese Rezepte auch mit gekochtem Hühnerfleisch, Kalbfleisch, Pökelzunge oder Wild! Gekochtes Fleisch sollten Sie erkalten lassen und stets gut von Häuten, Fett, Sehnen oder Knochenstückchen befreien.
Zum Würzen bieten sich auch hier Kräuter und Gewürze in frischem oder getrocknetem Zustand an.

Krabbensalat

E 19 g	F 6 g	KH 1 g
kcal 170	kJ 710	

100 g tiefgefrorene Krabben
100 g Gurke, in Würfeln
oder 100 g Ananas (= + 95 kcal)
oder 50 g Avocado (= + 103 kcal)
1 EL Zitronensaft
1 Pr. Salz
1 Pr. Pfeffer
2 EL Sherry
1 TL Öl (5 g)
1–2 Salatblätter
2–3 kleine Dillzweige

Die Krabben im Sieb mit lauwarmem Wasser so lange abbrausen, bis das ablaufende Wasser klar ist. Gut abtropfen lassen. Mit Gurken mischen und mit Zitronensaft, Salz, Pfeffer, Sherry und Öl abschmecken. Auf Salatblättern anrichten und mit Dill garnieren.

Strammer Max

E 27 g	F 7 g	KH 25 g
kcal 280	kJ 1170	

1 Scheibe Vollkornbrot (50 g)
2–3 Salatblätter
(Kopfsalat oder Eisbergsalat)
50 g kalter Kalbsbraten
1 Pr. Salz
1 Pr. Pfeffer
1 Frühlingszwiebel
1 Ei
1 TL Öl (5 g)

Das Vollkornbrot mit gut trockengetupften Salatblättern belegen und den Kalbsbraten darauflegen und würzen.
Die Frühlingszwiebel fein schneiden, das Weiße zusammen mit dem Ei in einer mit Öl dünn ausgestrichenen, beschichteten Pfanne braten. Das Spiegelei mit der Zwiebel auf das Fleisch legen und mit den grünen Zwiebelringen bestreuen.

Frischkäse mit Gemüse

E 18 g	F 4,5 g	KH 26 g
kcal 225	kJ 940	

100 g körniger Frischkäse
100 g rote Paprika, in Würfeln
100 g Stangensellerie oder Kohlrabi, in kleinen Würfeln
1 Pr. Salz
1 Pr. Muskat oder Pfeffer
eventuell 1 zerdrückte Knoblauchzehe
1–2 Salatblätter
1 Scheibe Pumpernickel (30 g)

Den Frischkäse mit dem Gemüse mischen und kräftig würzen. Den Pumpernickel damit bestreichen und auf den Salatblättern anrichten.

Spargelsalat mit Bündner Fleisch

E 18 g	F 3,5 g	KH 12 g
kcal 160	kJ 670	

200 g geschälter, grüner oder heller Spargel
1 Pr. Salz
1 EL Zitronensaft
100 g Joghurt, 1,5% Fett
1–2 EL grob gehackte Kräuter (Petersilie, Zitronenmelisse, Dill und Schnittlauch)
25 g Bündner Fleisch, in Streifen

Den Spargel in kochendes Salzwasser geben und etwa 10 Minuten garen. Weißer Spargel benötigt eventuell eine längere Kochzeit als der grüne. Das Gemüse kalt abschrecken, abtropfen lassen und mit Zitronensaft beträufeln. Joghurt mit Kräutern verrühren, nach Belieben mit Zitronensaft, Pfeffer und Salz abschmecken. Die Soße über den Spargel geben oder getrennt reichen. Das Bündner Fleisch auf einem Teller dazu servieren.

Tip

Den Anschnitt bei grünem Spargel, wenn er holzig-faserig ist, wegschneiden und nur das untere Ende dünn schälen.

Variationen

Statt Kräuterjoghurt können Sie den Salat mit Vinaigrette oder Ananas und Zitronensaft abschmecken oder 50 g mageren kalten Braten dazu reichen.

Salat Nizza

E 19 g	F 20 g	KH 7 g
kcal 290	kJ 1215	

¼ Kopfsalat (40–50 g)
100 g Tomaten, in Ecken
50 g Thunfisch, nicht in Öl
3 Oliven
1–2 Sardellenfilets
½ rote Zwiebel (30 g), in Ringen
1 kleines gekochtes Ei, in Scheiben oder Ecken
1 TL Olivenöl (5 g)
1–2 EL Rotweinessig
1 Pr. Salz
1 Pr. Pfeffer
1 zerdrückte Knoblauchzehe

Die Salatblätter in einer großen Schale auslegen. Darauf Tomaten, Thunfisch, Oliven, Sardellen, Zwiebeln und Ei verteilen.
Das Öl mit Essig, Salz, Pfeffer und Knoblauch zu einer Soße verrühren und über den Salat träufeln. Erst kurz vor dem Verzehr mischen.

Merke: Salat Nizza ist im Restaurant meist sehr reich an Kalorien, denn mit Olivenöl und fettreichem Thunfisch wird bei der Zubereitung nicht gespart. Meiden Sie Thunfisch in Öl, und halten Sie sich an die empfohlene Menge. Mit Kopfsalat und Tomaten brauchen Sie nicht zu sparen.

Reissalat mit Rindfleisch

E 24 g	F 13 g	KH 25 g
kcal 320	kJ 1340	

100 g gekochter Reis (= 30 g roher Reis)
100 g mageres, gekochtes Rindfleisch, in Streifen oder Würfeln
50 g Paprikaschote, in Streifen
50 g Gewürzgurke, in Scheiben
½ Zwiebel (20 g), in Würfeln oder Ringen
1 Pr. Cayennepfeffer
1 Pr. Salz
1–2 EL Essig
1 TL Öl (5 g)
1–2 EL Kräuter, in Blättchen (Dill, Basilikum, Petersilie)

Alle Zutaten mischen und kräftig würzen. Oder die Salatzutaten hübsch in einer Schale anrichten und für die Soße Zwiebel, Pfeffer, Salz, Essig und Öl verrühren und darüberträufeln. Mit Kräuterblättchen garnieren.

Variationen

Statt Reis können Sie auch 50 g **Nudeln oder Vollkornnudeln,** zum Beispiel Hörnchen, Gabelspaghetti oder Muscheln, verwenden, statt Paprikaschote Apfel oder Stangensellerie.
Wenn Sie gerne **Fisch** essen, können Sie 100 g gekochtes oder gedünstetes Fischfilet, mit Zitronensaft mariniert, oder mageren Räucherfisch statt des Rindfleisches unter den Salat mischen.

Angemachter Quark

E 27 g	F 0 g	KH 12 g
kcal 160	kJ 670	

150 g Magerquark
100 ml Buttermilch
1 Pr. Salz
1 Pr. Pfeffer

Den Quark mit Buttermilch verrühren und kräftig oder mild würzen.
Nach Belieben können Sie den Quark immer wieder anders zubereiten:

Variationen

Kräuterquark: Petersilie, Dill, Schnittlauch oder gemischte, gehackte Kräuter untermengen oder darüberstreuen.
Meerrettichquark: 1 EL geriebenen Meerrettich zugeben.
Tomatenquark: Mit Tomatenmark oder Ketchup abschmecken.
Senfquark: 1–2 TL Senf einrühren und nach Belieben kleingehackte Essiggurken, Paprikaschoten, Zwiebeln, geriebene Möhren oder gehackte Zucchini und im Wechsel Gewürze und getrocknete Kräuter zugeben.

Merke: Schichtkäse und körniger Frischkäse enthalten 20% Fett i. Tr., das heißt 150 g liefern 165 kcal. Das Anrühren mit Buttermilch ist bei diesen Sorten nicht notwendig, denn sie sind bereits angenehm cremig.

Tatar

E 22 g	F 4 g	KH 8 g
kcal 170	kJ 715	

- 100 g Tatar
- ½ Zwiebel (20 g), in kleinen Würfeln
- 5 g Kapern
- 1 Pr. Salz
- 1 Pr. Pfeffer
- ½ TL Rosenpaprika
- 1–2 Salatblätter
- 50 g Essiggürkchen
- 50 g eingelegte Maiskölbchen
- krause Petersilie zum Garnieren

Das Tatar mit den Zwiebeln, den Kapern und den Gewürzen verkneten, zu einem Laib formen und auf Salatblättern anrichten. Durch Eindrücken mit der Messerspitze verzieren. Mit Gürkchen, Maiskolben und krauser Petersilie garnieren.

Zwischenmahlzeiten, Getränke und kalorienarme Schlemmereien

Auf den Brotbelag sollten Sie besonders achten. Butter, Wurst und Käse liefern unkontrollierbare Kalorienzahlen.
Ebenso sind Marmeladen, Gelees und Honig ungeeignet für die Diät!
Apfel-, Gurken-, Tomaten- oder Radieschen, in Scheiben geschnitten, auch Salatblätter oder dünn geschnittene Zwiebelringe passen zu fettarmem, kaltem Braten oder magerem Käse.
Vorsicht beim Naschen!

Wußten Sie schon, daß 1 Salzlette 7 kcal, 1 Erdnuß 10 kcal und 1 Kartoffelchip 8 kcal enthalten? Naschen Sie statt dessen lieber Radieschen, Essiggürkchen, Apfelstücke oder am besten gar nichts.
Vergessen Sie nicht, daß die meisten Getränke viele Kalorien enthalten. Eine Ausnahme sind Mineralwasser, Kaffee oder Tee ohne Milch und Zucker.
Geeignete Zwischenmahlzeiten finden Sie auf Seite 96.

Gurkenrelish mit Borretsch

E 0,5g	F 0 g	KH 5 g
kcal 23	kJ 95	

Für 4 Personen

200 g Gurke, in kleinen Würfeln
100 g saurer Apfel, in Würfeln
1 Zwiebel (50 g), in Würfeln
50 g Stangensellerie, in Scheibchen
3 EL Essig
1 Pr. Salz
1 Pr. Piment oder Muskat
1 Pr. Zitronenpfeffer
3–4 große Borretschblätter

Alle Zutaten bis auf den Borretsch mit 1 Tasse Wasser etwa 5 Minuten im offenen Topf kräftig kochen lassen. Nach dem Abkühlen eventuell nachwürzen. Den Borretsch in Streifen schneiden und unterziehen.

Tip

Das Relish paßt besonders gut zu Fisch oder Sülzen und kann in einem gut verschlossenen Gefäß im Kühlschrank aufbewahrt werden.

Consommé mit Gemüsejulienne

E 1 g	F 3 g	KH 3,5 g
kcal 70	kJ 295	

Für 4 Portionen

500 g Fleischknochen vom Rind, Wild oder Geflügel
1 TL Öl (5 g)
1 Bund Suppengrün, in großen Stücken
1 geviertelte Zwiebel
1 Lorbeerblatt
4–5 Gewürzkörner
1 TL Salz
100 g Karotten, Sellerie und Lauch in feinsten Streifen
3 EL herber Rotwein (3 cl) oder 1,5 cl Sherry

Die Knochen in Öl rundum scharf anbraten und 1 Liter Wasser, Suppengrün, Gewürze und Salz zugeben. Etwa 1 Stunde kräftig kochen lassen, dann die Flüssigkeit abseihen und zusätzlich durch einen Kaffeefilter mit Filterpapier oder ein feines Tuch geben. Die Brühe auf etwa 700 ml einkochen lassen oder, wenn nötig, mit Wasser auffüllen. Die Gemüsestreifen kurz blanchieren oder über Wasserdampf knackig garen, zur Consommé geben und mit Rotwein oder Sherry abschmecken.
Die Consommé wird in kleinen Suppentassen serviert.

Trinkjoghurt

E 6 g	F 0 g	KH 20 g
kcal 110	kJ 460	

1 Becher Magermilchjoghurt (150 g)
100 ml ungesüßten Fruchtsaft
oder 100 g passierte Früchte
1 EL Zitronensaft
1 Msp. geriebene Schale einer unbehandelten Zitrone
Süßstoff nach Belieben
Minze- oder Melisseblättchen

Den Joghurt mit Saft oder Fruchtpüree, Zitronensaft und -schale kräftig verrühren oder im Mixer schlagen. Nach Belieben mit Eiswürfeln servieren und grüne Blättchen an den Glasrand stecken.

Buttermilchmix

E 8 g	F 1 g	KH 8 g
kcal 75	kJ 315	

200 ml Buttermilch
1 EL Zitronensaft
Süßstoff nach Belieben
1 Pr. Zimt oder Muskat
Mineralwasser zum Auffüllen

Die Buttermilch mit Zitronensaft, Süßstoff und Zimt oder Muskat kräftig verschlagen. In ein großes Glas gießen und mit Mineralwasser auffüllen.

Variationen

50 g Erdbeeren, Himbeeren oder Heidelbeeren mit in den Mixer geben und pürieren. Das Mixgetränk liefert dann etwa 100 kcal.
Oder Sie geben grob gehackte Kräuter, zum Beispiel Dill, Petersilie, Borretsch, Kresse oder Zitronenmelisse, mit in den Mixer und schmecken die Kräutermilch mit Salz, Zitronenpfeffer und geriebener Schale einer unbehandelten Zitrone ab.

Karambole in Sekt

E 0,3 g	F 0 g	KH 6 g
kcal ca. 100	kJ 420	

⅛ l trockener Sekt
3 kleine Scheiben Karambole (30 g)
Mineralwasser zum Auffüllen

Den Sekt und die sternförmigen Karambolescheiben in eine weite Sektschale geben und mit Mineralwasser auffüllen.

Tip

Bei großem Durst können Sie beliebig viel Mineralwasser, eventuell mit ein paar Tropfen Zitronensaft, zugeben.

Zitronen-Tee-Getränk

Fast ohne Kalorien

1/4–1/2 l heißen Pfefferminztee
Saft von 1 Zitrone
Süßstoff nach Belieben

Den frisch aufgebrühten Tee, am besten mit frischen Minzeblättern zubereitet, mit Zitronensaft und Süßstoff mischen und heiß oder kalt servieren.

Tip

Sehr durstlöschend ist auch heißer Pfefferminztee mit Orangensaft, jedoch ist dieses Getränk nicht ganz kalorienfrei! Der Saft von 1 Orange enthält etwa 35 kcal.
Bei großem Durst hilft heißes oder kaltes Wasser beziehungsweise Mineralwasser mit Zitronensaft.

Krabbentoast

E 28 g	F 15 g	KH 18 g
kcal 330	kJ 1380	

1 Scheibe Vollkorntoast (30 g)
50 g Krabben, frisch, gefroren oder aus der Dose
1–2 Salatblätter
1 Ei
1 Pr. Salz
1 EL geschnittener Schnittlauch oder grob gehackter Dill
1 TL Öl (5 g)
100 g Tomaten, in Ecken

Das Brot im Toaster rösten. Die Krabben im Sieb mit lauwarmem Wasser so lange überbrausen, bis das ablaufende Wasser klar ist. Gut abtropfen lassen. Das Ei mit Salz und Kräutern verquirlen und in einer mit Öl ausgestrichenen, beschichteten Pfanne ein Rührei mit den Krabben zubereiten. Zusammen mit dem Salatblatt auf das Toastbrot legen und mit Tomatenecken garnieren.

Walliser Brotzeit

E 20 g	F 10 g	KH 10 g
kcal 220	kJ 920	

Für 4 Portionen

100 g feingehobeltes Bündner Fleisch
4 hartgekochte Eier, in Vierteln
300 g kleine Tomaten, in Ecken oder Kirschtomaten
1–2 Bund Radieschen
300 g Essiggurken und saures Gemüse (Mixed Pickles)

Alle Zutaten auf einem großen Holzbrett dekorativ anrichten und das Fleisch in die Mitte türmen.

Tip

Die Walliser Brotzeit kann mit Brot ohne Butter oder Margarine serviert werden.

Kalter Braten mit Salbei

E 22 g	F 7 g	KH 3 g
kcal 170	kJ 710	

100 g Kalbfleisch oder Putenbrust, gebraten, in Scheiben
¼ TL Kümmel
je 1 Pr. Salz und Pfeffer
100 g Tomaten, in Ecken
10–15 frische Salbeiblätter
1 TL Öl (5 g)

Das Kalbfleisch auf einer Platte, eventuell in Röllchen, anrichten. Mit Kümmel, Salz und Pfeffer bestreuen. Die Tomatenecken dazulegen. Eine Pfanne mit Öl bestreichen, Salbeiblätter nebeneinander einlegen und bei starker Hitze ein paar Sekunden knusprig braten. Die Blätter sollen noch grün bleiben, nehmen Sie sie vor dem Bräunen heraus. Die Blättchen nun über das Fleisch geben.

Gebeiztes Forellenfilet

E 15 g	F 1,6 g	KH 3 g
kcal 90	kJ 375	

1 frisches, rohes Forellenfilet (80 g)
½ TL Salz
1 EL gehackter Dill
½ TL Zucker
½ TL grob zerdrückte Pfefferkörner (eventuell weißer und roter Pfeffer gemischt)
1 EL Weißweinessig
krause Petersilie oder Dill

Das Forellenfilet waschen und gut trokkentupfen. Salz, Dill, Zucker und Pfeffer mit Weinessig verrühren und das Filet rundum damit bestreichen. In Pergamentpapier wickeln, beschweren und 6–8 Stunden kalt stellen.
Vor dem Servieren das Pergamentpapier entfernen. Den Fisch schräg in hauchdünne Scheiben schneiden. Auf einem Holzbrett anrichten und den Fisch mit Petersilie oder frischem Dill garnieren.

Schweinemedaillon mit Früchten

E 11 g	F 10 g	KH 5,6 g
kcal 195	kJ 820	

1 Schweinemedaillon (50 g)
1 Pr. Pfeffer
1 Pr. Salz
1 TL Öl (5 g)
30 g Fruchtschnitze
(Kiwi, Mandarinen, Pfirsich)
20 g entsteinte Kirschen
5 cl herber Weißwein
1 Blatt weiße Gelatine

Das Schweinemedaillon mit Pfeffer und Salz würzen und mit Öl bestreichen. In der heißen Pfanne mit dem restlichen Öl auf jeder Seite 1–2 Minuten braten und anschließend leicht salzen.

Das Medaillon auf einem Teller anrichten und mit den Früchten garnieren. Die Gelatine in kaltem Wasser einweichen, herausheben, in einer Tasse im Wasserbad auflösen und den Wein zugießen.

Nun das Fleisch und die Früchte mehrmals mit dem Weinsud bestreichen und zwischendurch immer wieder kalt stellen.

Fondue Chinoise

E 30 g	F 5 g	KH 12 g
kcal ca. 220	kJ 920	

Für 4 Personen

500 g verschiedene Filets,
in feinste Streifen geschnitten
(Rinds-, Kalbs- oder Schweinefilet, auch
Hühner- oder Putenbrust oder Fischfilet)
etwa 1 l fettarme Brühe
1 Glas junge Maiskölbchen
1 Glas Silberzwiebeln
1 Glas Essiggürkchen (Cornichons)
1 Glas saures Gemüse (Mixed Pickles)
dazu: Sojasoße, Senf, Meerrettich,
Cumberlandsoße
Baguette, in schrägen Scheiben,
Radieschen, Tomatenecken,
Rettichscheiben

Das Fleisch auf Portionsteller verteilen und die pikanten Beilagen dekorativ anrichten. Die Brühe in einem Fonduetopf am Tisch erhitzen.

Jeder spießt ein Fleischscheibchen auf seine Fonduegabel, taucht es kurz in die kochende Brühe und hat so sein Fleisch in einer Minute gar. Dazu ißt man die Beilagen und Soßen, in denen man das Fleisch vor dem Essen wendet. Zuletzt wird die Fleischbrühe in kleinen Tassen gereicht.

Zwischenmahlzeiten und ihre Kalorien

Obst

1 großer Apfel (etwa 150 g) = 75 kcal
1 kleiner Apfel (etwa 100 g) = 50 kcal
1 Orange, geschält (etwa 100 g) = 40 kcal
1 Mandarine (etwa 40 g) = 15 kcal
1 Banane (150 g mit Schale) = 135 kcal
1 Birne (125 g mit Schale) = 70 kcal

Milchprodukte

1 Becher Magermilchjoghurt (150 g) = 60 kcal
1 Becher Joghurt, 3,5% Fett (175 g) = 140 kcal
1 Becher Fruchtjoghurt, 1,5% Fett (150 g) = 150 kcal
1 Glas Butter- oder Magermilch (¼ l) = 90 kcal
1 Glas Vollmilch (¼ l) = 160 kcal

Brot

1 Scheibe Knäckebrot (10 g) = 40 kcal
1 Scheibe Sesamknäckebrot (15 g) = 70 kcal
1 Brötchen (45 g) = 125 kcal
1 Butterbrezel mit 10 g Butter = 200 kcal
  mit 5 g Butter = 160 kcal
1 Scheibe Zwieback (10 g) = 40 kcal
1 kleine Scheibe Vollkornbrot (30 g) = 70 kcal
1 Scheibe Schwarzbrot (50 g) = 125 kcal

Merke: Diabetikerbrot enthält weniger Kohlenhydrate und dafür mehr Eiweiß als normales Brot, **bei gleicher Kalorienzahl.**

Brotbelag

5 g Butter = 40 kcal
1 Scheibe Schinken (30 g) = 85 kcal
5 Scheiben Salami (30 g) = 145 kcal
30 g Leberwurst = 135 kcal
1 Scheibe Edamer, 30% Fett i. Tr. (30 g) = 80 kcal
1 Ecke Schmelzkäse, 20% Fett i. Tr. (62,5 g) = 125 kcal
1 kleines Ei (50 g) = 80 kcal

Getränke
Kaffee oder Tee ohne Milch und Zucker sind kalorienfrei
dazu 1 Stück Würfelzucker = 12 kcal
Mineralwasser ist kalorienfrei
Tonic Water (1/8 l) = 60 kcal
Fruchtsaft (1/8 l) = 50–70 kcal
1 Flasche helles Bier (1/2 l) = 240 kcal
1 Glas Wein (1/8 l) = 90 kcal
1 Gläschen Cognac (20 cl) = 50 kcal

Süßwaren – nicht geeignet
1 Bonbon = etwa 30 kcal
1 Riegel Schokolade = etwa 115 kcal
1 Butterkeks = etwa 20 kcal
1 Weihnachtsplätzchen = etwa 50–100 kcal
1 Stück Torte = etwa 500 kcal
1 Stück Obstkuchen = etwa 300 kcal
1 Hefeteilchen (Schnecke, Hörnchen) = etwa 200 kcal

Lebensmitteltabelle

Es werden nur die in den Rezepten benötigten Lebensmittel in alphabetischer Reihenfolge aufgeführt. Die Angaben des Energie- und Nährstoffgehaltes beziehen sich auf 100 g eßbaren Anteil der eingekauften rohen Ware (das heißt geputzt gewogen). Die Portionsgrößen berücksichtigen weitgehend die Mengenangaben im Rezeptteil. Alle Zahlen sind gerundet, die Kilo-Joule-Angaben sind mit dem Faktor 4,2 errechnet (Zahlen zitiert nach N. Zöllner und G. Wolfram, Stoffwechsel, Ernährung, Endokrinum, Springer-Verlag).

(+ = in Spuren) (*in g pro 100 g eßbarem Anteil) (**auf- und abgerundet)

Lebensmittel	Energie kcal	kJ	Eiweiß*	Kohlenhydrate*	Fett*	Portionsgröße	kcal pro Portion**
Ananas, Dose	95	399	+	23	+	1 Scheibe, 100 g	95
Apfel	52	218	+	12	+	1 kl. Frucht, 100 g	50
Aprikose	54	227	1	12	+	1 Stück, 50 g	25
Aubergine	25	105	+	10	+	1 Stück, 250 g	60
Banane	99	416	1	21	+	1 Stück, 150 g	150
Bierschinken	250	1050	16	+	19	3 Scheiben, 30 g	75
Birne	59	248	1	13	+	150 g	90
Biskuit	441	1845	9	82	5	1 Stück, 45 g	200
Blaukraut	27	113	2	4	+	200 g	55
Blumenkohl	28	118	3	4	+	150 g	40
Bohnen, grün	33	139	2	5	+	150 g	50
Brezeln/Salzletten	333	1400	+	67	+	1 Stück, 1,5 g	5
Brötchen	278	1160	7	58	1	1 Stück, 45 g	125
Brühwürfel	50	210	4	1	4	1 Stück, 16,6 g	8
Bündner Fleisch	266	1120	40	+	10	1 Scheibe, 2 g	5
Butter	775	3240	1	+	83	5 g	40
Buttermilch	36	150	4	4	1	100 ml	35
Champignons, frisch	24	101	3	3	+	200 g	50
Chicorée	16	67	1	2	+	30 g	5
Chinakohl	13	55	1	2	+	200 g	25
Corned Beef	153	640	22	+	6	1 Scheibe, 30 g	50
Cracker	369	1550	+	90	+	2 Stück, 5 g	20
Diät-Vollbier	33	140	0,4 – 0,7		0	0,33 l	100

Lebensmittel	Energie kcal	kJ	Eiweiß*	Kohlenhydrate*	Fett*	Portionsgröße	kcal pro Portion**
Edamer 30% F. i. Tr.	280	1176	26	4	16	1 Scheibe, 30 g	85
Erdbeeren	39	164	1	8	+	125 g	50
Essiggurke	20	84	1	3	+	1 Stück, 50 g	10
Gelatine	340	1420	84	+	+	1 Blatt, 2 g	7
Grapefruit	32	134	1	10	+	½ Frucht, 80 g	25
Grieß	370	1560	10	75	1	1 EL, 20 g	75
Grünkohl	46	193	4	5	1	200 g	90
Gurke	10	42	1	1	+	100 g	10
Haferflocken	402	1680	14	66	7	1 EL, 10 g	40
Hammelfleisch							
Keule	260	1090	26	+	17	50 g	130
Halsgrat	326	1370	24	+	24	50 g	160
Kotelett	544	2285	14	+	53	50 g	270
Heidelbeeren	60	252	1	13	1	125 g	75
Heilbutt	110	450	19	+	5	100 g	110
Himbeeren	40	168	1	8	+	125 g	50
Honig	305	1275	+	81		1 TL, 10 g	30
Huhn							
Brathuhn	144	605	21	+	6	50 g	70
Brust	109	458	23	+	1	50 g	55
Keule	120	500	21	+	3	50 g	60
Hühnerei	167	700	13	1	11	1 Stück, 60g	100
Eigelb, flüssig	377	1580	16	+	32	1 Stück, 20 g	75
Eiweiß, flüssig	55	230	11	1	+	1 Stück	25
Hüttenk., 20% F. i. Tr.	112	470	15	1,5	5	50 g	55
Joghurt, 3,5% Fett	78	325	5	6	3	1 Becher 175 g	140
Magermilchjoghurt	43	181	5	6	+	1 Becher 150 g	60
Kabeljaufilet	78	325	17	+	+	100 g	80
Kalbfleisch							
Filet	105	440	21	+	1	50 g	50
Bug/Schulter	140	590	21	+	5	50 g	70
Keule	103	435	20	+	1	50 g	50
Haxe	107	450	21	+	3	50 g	55
Kotelett	125	525	21	+	2	50 g	60

Lebensmittel	Energie kcal	kJ	Eiweiß*	Kohlenhydrate*	Fett*	Portionsgröße	kcal pro Portion**
Schnitzel	108	455	21	+	3	50 g	55
Zunge	134	560	17	1	6	50 g	65
Karotten	35	147	1	7	+	200 g	70
Kartoffeln	85	357	2	19	+	1 Stück eigroß, 60g	50
Kirschen, süß	64	268	1	14	1	125 g	80
Knäckebrot	380	1590	10	77	1	1 Scheibe, 10 g	40
Kohlrabi	14	59	2	2	+	200 g	30
Kopfsalat	14	59	1	2	+	30 g	5
Krabbenfleisch	127	530	19	+	5	50 g	65
Kresse	46	193	2	8	+	1 Kästchen, 25 g	12
Lammfleisch	200	840	24	+	11	100 g	200
Lauch	38	160	2	6	+	200 g	75
Laugenbrezel	278	1160	7	58	1	1 Stück, 45 g	125
Leibnizkeks	463	1945	15	70	11	1 Stück, 5 g	25
Mandarine	36	150	1	8	+	1 Stück, 40 g	15
Mandeln, geschält	650	2730	18	17	54	10 Kerne, 15 g	100
Margarine	761	3200	1	+	80	1 TL, 5 g	40
Marmelade	260	1090	1	66	+	1 TL, 10 g	25
Meerrettich, frisch	76	320	2	8	+	1 TL, 5 g	4
Milch							
Trinkmilch	64	270	3	5	3,5	100 ml	65
fettarme Milch	50	210	3	5	2	100 ml	50
Magermilch	35	145	4	5	0,3	100 ml	35
Nudeln	390	1640	13	72	3	50 g, roh	195
Nüsse							
Haselnüsse	690	2900	14	13	62	10 Kerne, 15 g	95
Walnüsse	705	2960	15	14	63	4 Kerne, 16 g	115
Öle							
Pflanzenöle	930	3890			100	1 TL, 5 g	50
Orange	54	227	1	9	+	1 Stück, 100 g	55
Paprikaschote	28	118	1	5	+	100 g	30
Parmesan, 45% F. i. Tr.	372	1560	25	3	28	1 EL, 10 g	40
Pfirsich	46	193	1	11	+	1 Stück, 150 g	65

Lebensmittel	Energie kcal	kJ	Eiweiß*	Kohlenhydrate*	Fett*	Portionsgröße	kcal pro Portion**
Pflaume	53	223	1	14	+	1 Stück, 10 g	5
Purréeflocken	365	1530	8	79	1	15 g	55
Puter	168	705	15	+	11	50 g	85
Pumpernickel	247	1040	7	49	1	1 Scheibe, 40 g	100
Quark, 20% Fett	115	480	13	4	5	1 geh. EL, 40 g	45
Magerquark	88	370	17	2	1	1 geh. EL, 40 g	35
Radieschen	19	80	1	4	+	1 Stück, 10 g	2
Rehrücken	93	390	16	+	3	125 g	115
Reis, poliert	368	1550	7	79	1	1 EL, 20 g	75
Rettich	19	80	1	4	+	1 Stück, 120 g	25
Rindfleisch							
Filet	126	530	19	+	4	50 g	60
Keule	205	860	19	+	13	50 g	100
Blume/Rose	253	1070	17	+	19	50 g	125
Tatar	128	540	21	+	4	50 g	65
Zunge	223	937	16	+	16	50 g	110
Roggenvollkornbrot	239	1010	7	46	1	1 Scheibe, 30 g	70
Rosenkohl	52	218	4	7	1	150 g	75
Rotbarschfilet	112	470	19	+	3	100 g	110
Rote Bete	37	155	2	8	+	150 g	60
Rotwein	66	277	Alkohol 7,8 g			¼ Liter	165
Sauerkraut	26	110	2	4	+	150 g	40
Saure Sahne 10%	127	530	3	4	10	1 EL, 10 g	15
Schellfischfilet	80	335	18	+	+	100 g	80
Schinken roh, geräuchert	395	1660	18	+	33	1 Scheibe, 10 g	40
Schinken, gekocht	282	1184	20	+	21	1 Scheibe, 30 g	85
Schmelzkäse, 20% F. i. Tr.	196	820	17	9	9	1 Ecke, 62,5 g	125
Schwarzwurzeln	74	311	1	16	+	100 g	75
Schweinefleisch							
Filet	176	740	19	+	10	50 g	90
Keule	362	1520	15	+	31	50 g	160
Kotelett	362	1520	15	+	31	50 g	160

Lebensmittel	Energie kcal	kJ	Eiweiß*	Kohlenhydrate*	Fett*	Portionsgröße	kcal pro Portion**
Schnitzel	168	705	21	+	8	50 g	85
Seelachsfilet	88	370	18	+	1	100 g	90
Sellerie	38	160	2	7	+	150 g	60
Senf, deutsch	100	420	+	12	+	1 TL, 8 g	8
Silberzwiebeln	45	190	1	9	+	1 EL, 15 g	7
Sojasprossen	27	110	2	4	+	100 g	25
Spargel	20	84	2	3	+	200 g	40
Speisestärke	367	1590	+	87	+	1 TL, 5 g	20
Spinat	23	97	2	2	+	200 g	45
Tilsiter, 30% F. i. Tr.	297	1250	29	3	17	1 Scheibe, 30 g	90
Toastbrot	267	1120	7	50	+	1 Scheibe, 30 g	80
Tomate	19	80	1	3	+	1 Stück, 50 g	10
Tomatenketchup	107	450	2	24	+	1 EL, 20 g	20
Tomatenmark	50	210	2	9	+	1 EL, 20 g	10
Wassermelone	24	100	1	5	+	125 g	30
Weißkraut	26	110	2	4	+	200 g	50
Weißwein	70	294	Alkohol 8,4 g			1/4 Liter	175
Wirsingkohl	26	110	2	4	+	200 g	50
Zucchini	30	126	1	6	+	200 g	60
Zwieback (eifrei)	403	1695	10	76	4	1 Stück, 10 g	40
Zwiebel	45	190	1	9	+	2 EL, gewürfelt, 10 g	4

Rezeptverzeichnis

Gesamt-Programm

Stand Herbst 1987

Essen und Trinken

FALKEN EXKLUSIV
Kochen in höchster Vollendung
Aus vier Elementen ist alles zusammengefügt (Theophrast). (4291) Von M. Wissing, M. Kirsch, 160 S., 230 Farbfotos, Leinen geprägt mit Schutzumschlag, im Schuber, **DM 98,–**, S 784.–

Köstliche Suppen
für jede Tages- und Jahreszeit. (5122) Von E. Fuhrmann, 64 S., 38 Farbfotos, 2 Zeichnungen, Pappband. ●●

Was koche ich heute?
Neue Rezepte für Fix-Gerichte. (0608) Von A. Badelt-Vogt, 112 S., 16 Farbtafeln, kart. ●

Kochen für 1 Person
Rationell wirtschaften, abwechslungsreich und schmackhaft zubereiten. (0586) Von M. Nicolin, 136 S., 8 Farbtafeln, 23 Zeichnungen, kart. ●

Schnell und individuell
Die raffinierte Single-Küche
(4266) Von F. Faist, 160 S., 151 Farbfotos, Pappband. ●●●

Gesunde Kost aus dem Römertopf
(0442) Von J. Kramer, 128 S., 8 Farbtafeln, 13 Zeichnungen, kart. ●

FALKEN-FEINSCHMECKER
Pasta in Höchstform
Nudeln
(0884) Von M. Kirsch, 64 S., 62 Farbfotos, Pappband. ●

Nudelgerichte
– lecker, locker, leicht zu kochen. (0466) Von C. Stephan, 80 S., 8 Farbtafeln, kart. ●

Lieblingsrezepte
Phantasievoll zubereitet und originell dekoriert. (4234) Hrsg. P. Diller, 160 S., 120 Farbfotos, 34 Zeichnungen, Pappband. ●●●

FALKEN-FEINSCHMECKER
In Hülle und Fülle
Pasteten und Terrinen
(0883) Von M. Kirsch, 48 S., 62 Farbfotos, Pappband. ●

FALKEN-FEINSCHMECKER
Spezialitäten unter knuspriger Decke
Aufläufe
(0882) Von C. Adam, 48 S., 33 Farbfotos, Pappband. ●

Die besten Eintöpfe und Aufläufe
Das Beste aus den Kochtöpfen der Welt (5079) Von A. und G. Eckert, 64 S., 50 Farbfotos, Pappband. ●●

FALKEN-FEINSCHMECKER
Herzhaftes für Leib und Seele
Eintöpfe
(0820) Von P. Klein, 48 S., 30 Farbfotos, Pappband. ●

Schnell und gut gekocht
Die tollsten Rezepte für den Schnellkochtopf. (0265) Von J. Ley, 96 S., 8 Farbtafeln, kart. ●

Kochen und backen im Heißluftherd
Vorteile, Gebrauchsanleitung, Rezepte. (0516) Von K. Kölner, 72 S., 8 Farbtafeln, kart. ●

Zaubern mit der schnellen Welle
Die neue Mikrowellenküche
(4289) Von F. Faist, 208 S., 188 Farbfotos, Pappband. ●●●

Das neue Mikrowellen-Kochbuch
(0434) Von H. Neu, 64 S., 4 Farbtafeln, 16 s/w Zeichnungen, kart. ●

Ganz und gar mit Mikrowellen
(4094) Von T. Peters, 208 S., 24 Farbfotos, 12 Zeichnungen, kart. ●●●

FALKEN-FEINSCHMECKER
Schnell auf den Tisch gezaubert
Kochen mit Mikrowellen
(0818) Von A. Danner, 64 S., 52 Farbfotos, Pappband. ●

Marmeladen, Gelees und Konfitüren
Köstlich wie zu Omas Zeiten – einfach selbstgemacht. (0720) Von M. Gutta, 32 S., 23 Farbfotos, 1 Zeichnung, Pappband. ●

Einkochen
nach allen Regeln der Kunst. (0405) Von B. Müller, 128 S., 8 Farbtafeln, kart. ●

Einkochen, Einlegen, Einfrieren
(4055) Von B. Müller, 152 S., 27 s/w.-Abb., kart. ●●

FALKEN-FEINSCHMECKER
Goldbraun und knusprig
Fritierte Leckerbissen
(0868) Von F. Faist, 64 S., 47 Farbfotos, Pappband. ●

Das neue Fritieren
geruchlos, schmackhaft und gesund. (0365) Von P. Kühne, 96 S., 8 Farbtafeln, kart. ●

FALKEN-FEINSCHMECKER
Die Krönung der feinen Küche
Saucen
(0817) Von G. Cavestri, 48 S., 40 Farbfotos, Pappband. ●

FALKEN-FEINSCHMECKER
Edler Kern in harter Schale
Meeresfrüchte
(0886) Von L. Grieser, 48 S., 52 Farbfotos, Pappband. ●

FALKEN-FEINSCHMECKER
Von Tatar und falschen Hasen
Hackfleisch
(0866) Von A. und G. Eckert, 64 S., 42 Farbfotos, Pappband. ●

Mehr Freude und Erfolg beim **Grillen**
(4141) Von A. Berliner, 160 S., 147 Farbfotos, 10 farbige Zeichnungen, Pappband. ●●●

Grillen
Fleisch · Fisch · Beilagen · Soßen. (5001) Von E. Fuhrmann, 64 S., 38 Farbfotos, Pappband. ●●

Chinesisch kochen
mit dem Wok-Topf und dem Mongolen-Topf. (0557) Von C. Korn, 64 S., 8 Farbtafeln, kart. ●

Schlemmerreise durch die
Chinesische Küche
(4184) Von Kuo Huey Jen, 160 S., 117 Farbfotos, Pappband. ●●●

Nordische Küche
Speisen und Getränke von der Küste. (5082) Von J. Kürtz, 64 S., 44 Farbfotos, Pappband. ●●

Deutsche Küche
Schmackhafte Gerichte von der Nordsee bis zu den Alpen. (5025) Von E. Fuhrmann, 64 S., 52 Farbfotos, Pappband. ●●

Essen in Hessen
Spezialitäten zwischen Schwalm und Odenwald. (0837) Von R. Witt, 120 S., 10 s/w-Zeichnungen, Pappband. ●●

Französisch kochen
Eine kulinarische Reise durch Frankreich. (5016) Von M. Gutta, 64 S., 35 Farbfotos, Pappband. ●●

Französische Küche
(0685) Von M. Gutta, 96 S., 16 Farbtafeln, kart. ●

Französische Spezialitäten aus dem Backofen
Herzhafte Tartes und Quiches mit Fleisch, Fisch, Gemüse und Käse (5146) Von P. Klein, 64 S., 43 Farbfotos, Pappband. ●●

FALKEN-FEINSCHMECKER
Aus lauter Lust und Liebe
Knoblauch
(0867) Von L. Reinirkens, 64 S., 45 Farbfotos, Pappband. ●

Kochen und würzen mit **Knoblauch**
(0725) Von A. und G. Eckert, 96 S., 8 Farbtafeln, kart. ●

Schlemmerreise durch die
Italienische Küche
(4172) Von V. Pifferi, 160 S., 109 Farbfotos, Pappband. ●●●

Pizza, Pasta und die feine italienische Küche
(4270) Von R. Rudatis, 120 S., 255 Farbfotos, Pappband. ●●

Italienische Küche
Ein kulinarischer Streifzug mit regionalen Spezialitäten. (5026) Von M. Gutta, 64 S., 35 Farbfotos, Pappband. ●●

Köstliche Pizzas, Toasts, Pasteten
Schmackhafte Gerichte schnell zubereitet. (5081) Von A. und G. Eckert, 64 S., 46 Farbfotos, Pappband. ●●

FALKEN-FEINSCHMECKER
Schlemmen wie bei Mamma Maria
Pizzas
(0815) Von F. Faist, 64 S., 62 Farbfotos, Pappband. ●

Köstliche Pilzgerichte
Tips und Rezepte für die häufigsten Pilzgattungen. (5133) Von V. Spicker-Noack, M. Knoop, 64 S., 52 Farbfotos, Pappband. ●●

Köstliche Fondues
mit Fleisch, Geflügel, Fisch, Käse, Gemüse und Süßem. (5006) Von E. Fuhrmann, 64 S., 50 Farbfotos, Pappband. ●●

Fondues
und fritierte Leckerbissen. (0471) Von S. Stein, 96 S., 8 Farbtafeln, kart. ●

Fondues · Raclettes · Flambiertes
(4081) Von R. Peiler und M.-L. Schult, 136 S., 15 Farbtafeln, 28 Zeichnungen, kart. ●●

Neue, raffinierte Rezepte mit dem Raclette-Grill
(0558) Von L. Helger, 56 S., 8 Farbtafeln, kart. ●

Die hier vorgestellten Bücher, Videokassetten und Software sind in folgende Preisgruppen unterteilt:

● Preisgruppe bis DM 10,–/S 79,–
●● Preisgruppe über DM 10,– bis DM 20,– S 80,– bis S 160,–
●●● Preisgruppe über DM 20,– bis DM 30,– S 161,– bis S 240,–
●●●● Preisgruppe über DM 30,– bis DM 50,– S 241,– bis S 400,–
●●●●● Preisgruppe über DM 50,–/S 401,–
*(unverbindliche Preisempfehlung)

FALKEN VERLAG

Rezepte rund um Raclette und Doppeldecker
(0420) Von J. W. Hochscheid, 72 S., 8 Farbtafeln, kart. ●

Fondues und Raclettes
(4253) Von F. Faist, 160 S., 125 Farbfotos, Pappband. ●●●

FALKEN-FEINSCHMECKER
Schmelzendes Käsevergnügen
Raclette
(0881) Von F. Faist, 48 S., 33 Farbfotos, Pappband. ●

Kulinarischer Feuerzauber
Flambieren
(4294) Von R. Wesseler, 120 S., 100 Farbfotos, Pappband. ●●●

Kochen und würzen mit
Paprika
(0792) Von A. und G. Eckert, 88 S., 8 Farbtafeln, kart. ●

Kleine Kalte Küche
für Alltag und Feste. (5097) Von A. und G. Eckert, 64 S., 45 Farbfotos, Pappband. ●●

Kalte Platten – Kalte Büfetts
rustikal bis raffiniert. (5015) Von M. Gutta, 64 S., 34 Farbfotos, Pappband. ●●

Kalte Happen und Partysnacks
Canapés, Sandwiches, Pastetchen, Salate und Suppen. (5029) Von D. Peters, 64 S., 44 Farbfotos, Pappband. ●●

Garnieren und Verzieren
(4236) Von R. Biller, 160 S., 329 Farbfotos, 57 Zeichnungen, Pappband. ●●●

Desserts
Puddings, Joghurts, Fruchtsalate, Eis, Gebäck, Getränke. (5020) Von M. Gutta, 64 S., 41 Farbfotos, Pappband. ●●

FALKEN-FEINSCHMECKER
Süße Verführungen
Desserts
(0885) Von M. Bacher, 64 S., 75 Farbfotos, Pappband. ●

FALKEN-FEINSCHMECKER
Süße Geheimnisse eiskalt gelüftet
Eis und Sorbets
(0870) Von H. W. Liebheit, 48 S., 38 Farbfotos, Pappband. ●

Crêpes, Omeletts und Soufflés
Pikante und süße Spezialitäten. (5131) Von J. Rosenkranz, 64 S., 45 Farbfotos, Pappband. ●●

Kuchen und Torten
Die besten und beliebtesten Rezepte. (5067) Von M. Sauerborn, 64 S., 79 Farbfotos, Pappband. ●●

Tortenträume und Kuchenfantasien
Gebackene Köstlichkeiten originell dekoriert und verziert. (0823) Von F. Faist, 80 S., 150 Farbfotos, kart. ●●

Backen mit Lust und Liebe
(4284) Von M. Schumacher, R. Krake, 242 S., 348 Farbfotos, 18 farb. Vignetten, 3 vierseitige Ausklapptafeln, Pappband. ●●●●

Schönes Hobby Backen
Erprobte Rezepte mit modernen Backformen. (0451) Von E. Blome, 96 S., 8 Farbtafeln, kart. ●

Backen, was allen schmeckt
Kuchen, Torten, Gebäck und Brot. (4166) Von E. Blome, 556 S., 40 Farbtafeln, Pappband. ●●●

Meine Vollkornbackstube
Brot · Kuchen · Aufläufe. (0616) Von R. Raffelt, 96 S., 4 Farbtafeln, 12 Zeichnungen, kart. ●

FALKEN-FEINSCHMECKER
Mit Körnern, Zimt und Mandelkern
Vollkorngebäck
(0816) Von M. Bustorf-Hirsch, 48 S., 39 Farbfotos, Pappband. ●

Biologisch Backen
Neue Rezeptideen für Kuchen, Brote, Kleingebäck aus vollem Korn. (4174) Von M. Bustorf-Hirsch, 136 S., 15 Farbtafeln, 47 Zeichnungen, kart. ●●

Selbst Brotbacken
Über 50 erprobte Rezepte. (0370) Von J. Schiermann, 80 S., 6 Zeichnungen, 4 Farbtafeln, kart. ●

Mehr Freude und Erfolg beim
Brotbacken
(4148) Von A. und G. Eckert, 160 S., 177 Farbfotos, Pappband. ●●●

Brotspezialitäten
knusprig backen – herzhaft kochen. (5088) Von J. W. Hochscheid und L. Helger, 64 S., 48 Farbfotos, Pappband. ●●

Weihnachtsbäckerei
Köstliche Plätzchen, Stollen, Honigkuchen und Festtagstorten. (0682) Von M. Sauerborn, 32 S., 36 Farbfotos, Pappband. ●●

Waffeln
süß und pikant. (0522) Von C. Stephan, 64 S., 8 Farbtafeln, kart. ●

Kochen für Diabetiker
Gesund und schmackhaft für die ganze Familie. (4132) Von M. Toeller, W. Schumacher, A. C. Groote, 224 S., 109 Farbfotos, 94 Zeichnungen, Pappband. ●●●

Neue Rezepte für Diabetiker-Diät
Vollwertig – abwechslungsreich – kalorienarm. (0418) Von M. Oehlrich, 120 S., 8 Farbtafeln, kart. ●

Wer schlank ist, lebt gesünder
Tips und Rezepte zum Schlankwerden und -bleiben. (0562) Von R. Mainer, 80 S., 8 Farbtafeln, kart. ●

SLIM
Der neue, individuelle Schlankheitsplan (4277) Von Prof. Dr. E. Menden, W. Aign, 120 S., 440 Farbfotos, Pappband. ●●●

Kalorien – Joule
Eiweiß · Fett · Kohlenhydrate tabellarisch nach gebräuchlichen Mengen. (0374) Von M. Bormio, 88 S., kart. ●

Alles mit Joghurt
tagfrisch selbstgemacht. Mit vielen Rezepten. (0382) Von G. Volz, 88 S., 8 Farbtafeln, kart. ●

Gesund leben – schlank werden mit der
Bio-Kur
(0657) Von S. Winter, 144 S., 4 Farbtafeln, kart. ●

FALKEN-FEINSCHMECKER
Raffiniert und gesund würzen
Kräuterküche
(0869) Von A. Görgens, 48 S.,43 Farbfotos, Pappband. ●

Miekes Kräuter- und Gewürzkochbuch
(0323) Von I. Persy und K. Mieke, 96 S., 8 Farbtafeln, kart. ●

Das köstliche knackige Schlemmervergnügen.
Salate
(4165) Von V. Müller, 160 S., 80 Farbfotos, Pappband. ●●●

111 köstliche Salate
Erprobte Rezepte mit Pfiff. (0222) Von C. Schönherr, 96 S., 8 Farbtafeln, 30 Zeichnungen, kart. ●

FALKEN-FEINSCHMECKER
Köstlich frisch auf den Tisch
Rohkostsalate
(0865) Von C. Adam, 48 S., 26 Farbfotos, Pappband. ●

Joghurt, Quark, Käse und Butter
Schmackhaftes aus Milch hausgemacht. (0739) Von M. Bustorf-Hirsch, 32 S., 59 Farbabb., Pappband. ●

Optimale Ernährung
für Krafttraining und Bodybuilding (0912) Von B. Dahmen, 88 S., 8 Farbtafeln, 8 Zeichnungen, kart. ●

Die abwechslungsreiche Vollwertküche
Vitaminreich und naturbelassen kochen und backen. (4229) Von M. Bustorf-Hirsch, K. Siegel, 280 S., 31 Farbtafeln, 78 Zeichnungen, Pappband. ●●●●

Die feine Vollwertküche
(4286) Von M. Bustorf-Hirsch, 160 S., 83 Farbfotos, Pappband. ●●●

Meine Vollkornküche
Herzhaftes von echtem Schrot und Korn (0858) Von S. Walz, 128 S., 8 Farbtafeln, kart. ●

Alternativ essen
Die gesunde Sojaküche.
(0553) Von U. Kolster, 112 S., 8 Farbtafeln, kart. ●

Kochen mit Tofu
Die gesunde Alternative. (0894) Von U. Kolster, 80 S., 8 Farbtafeln, kart. ●

Das Reformhaus-Kochbuch
Gesunde Ernährung mit hochwertigen Naturprodukten. (4180) Von A. und G. Eckert, 160 S. 15 Farbtafeln, Pappband. ●●●

Gesund kochen mit Keimen und Sprossen
(0794) Von M. Bustorf-Hirsch, 104 S., 8 Farbtafeln, 13 s/w-Zeichnungen, kart. ●

Die feine Vegetarische Küche
(4235) Von F. Faist, 160 S., 191 Farbfotos, Pappband. ●●●

Biologische Ernährung
für eine natürliche und gesunde Lebensweise. (4125) Von G. Leibold, 136 S., 15 Farbtafeln, 47 Zeichnungen, kart. ●●

Gesunde Ernährung für mein Kind
(0776) Von M. Bustorf-Hirsch, 96 S., 8 Farbtafeln, 5 s/w Zeichnungen, kart. ●

Vitaminreich und naturbelassen
Biologisch Kochen
(4162) Von M. Bustorf-Hirsch und K. Siegel, 144 S., 15 Farbtafeln, 31 Zeichnungen, kart. ●●

Gesund kochen
wasserarm · fettfrei · aromatisch. (4060) Von M. Gutta, 240 S., 16 Farbtafeln, Pappband. ●●●

Kräuter- und Heilpflanzen-Kochbuch
für eine gesunde Lebensweise. (4066) Von P. Pervenche, 143 S., 15 Farbtafeln, kart. ●●

Pralinen und Konfekt
Kleine Köstlichkeiten selbstgemacht. (0731) Von H. Engelke, 32 S., 57 Farbfotos, Pappband. ●

Die hier vorgestellten Bücher, Videokassetten und Software sind in folgende Preisgruppen unterteilt:

● Preisgruppe bis DM 10,–/S 79,–
●● Preisgruppe über DM 10,– bis DM 20,– S 80,– bis S 160,–
●●● Preisgruppe über DM 20,– bis DM 30,– S 161,– bis S 240,–
●●●● Preisgruppe über DM 30,– bis DM 50,– S 241,– bis S 400,–
●●●●● Preisgruppe über DM 50,–/S 401,–
*(unverbindliche Preisempfehlung)

FALKEN VERLAG

Die Preise entsprechen dem Status beim Druck dieses

FALKEN-FEINSCHMECKER
Zart schmelzende Versuchungen
Schokolade
(0819) Von J. Schroer, 48 S., 53 Farbfotos, Pappband. ●

Köstlichkeiten für Gäste und Feste
Kalte Platten
(4200) Von I. Pfliegner, 160 S., 130 Farbfotos, Pappband. ●●●

Kochen für Gäste
Köstliche Menüs mit Liebe zubereitet. (5149) Von R. Wesseler, 64 S., 40 Farbfotos, Pappband. ●●

Das richtige Frühstück
Gesunde Vollwertkost vitaminreich und naturbelassen.
(0784) Von C. Kratzel und R. Böll, 32 S., 28 Farbfotos, Pappband. ●

Bocuse à la carte
Französisch kochen mit dem Meister. (4237) Von P. Bocuse, 88 S., 218 Farbfotos, Pappband. ●●

Kochschule mit Paul Bocuse
(6016/VHS, 6017/Video 2000, 6018/Beta), 60 Min. in Farbe. ●●●●●*

Natursammlers Kochbuch
Wildfrüchte und Gemüse, Pilze, Kräuter – finden und zubereiten. (4040) Von C. M. Kerler, 140 S., 12 Farbtafeln, kart. ●●

Cocktails
(4267) Von W. R. Hoffmann, W. Hubert, U. Lottring, 160 S., 164 Farbfotos, 1 s/w-Foto, Pappband. ●●●

Neue Cocktails und Drinks
mit und ohne Alkohol. (0517) Von S. Späth, 128 S., 4 Farbtafeln, kart. ●

Mixgetränke
mit und ohne Alkohol (5017) Von C. Arius, 64 S., 35 Farbfotos, Pappband. ●●

Cocktails und Mixereien
für häusliche Feste und Feiern. (0075) Von J. Walker, 96 S., 4 Farbtafeln, kart. ●

Die besten Punsche, Grogs und Bowlen
(0575) Von F. Dingden, 64 S., 4 Farbtafeln, kart. ●

Weine und Säfte, Liköre und Sekt
selbstgemacht. (0702) Von P. Arauner, 232 S., 76 Abb., kart. ●●

Mitbringsel aus meiner Küche
selbst gemacht und liebevoll verpackt. (0668) Von C. Schönherr, 32 S., 30 Farbfotos, Pappband. ●

Weinlexikon
Wissenswertes über die Weine der Welt. (4149) Von U. Keller, 228 S., 6 Farbtafeln, 395 s/w-Fotos, Pappband. ●●●

Heißgeliebter Tee
Sorten, Rezepte und Geschichten. (4114) Von C. Maronde, 153 S., 16 Farbtafeln, 93 Zeichnungen, Pappband. ●●●

Tee für Genießer.
Sorten · Riten · Rezepte. (0356) Von M. Nicolin, 64 S., 4 Farbtafeln, kart. ●

Tee
Herkunft · Mischungen · Rezepte. (0515) Von S. Ruske, 96 S., 4 Farbtafeln, 16 s/w-Abbildungen, Pappband. ●

Kinder lernen spielend backen
(5110) Von M. Gutta, 64 S., 45 Farbfotos, Pappband. ●●

Kinder lernen spielend kochen
Lieblingsgerichte mit viel Spaß selbst zubereitet (5096) Von M. Gutta, 64 S., 45 Farbfotos, Pappband. ●●

Komm, koch mit mir
Kunterbuntes Kochvergnügen für Kinder. (4285) Von S. und H. Theilig, Illustrationen von B. v. Hayek, 96 S., 48 Farbfotos, 350 Farb- und 1 s/w-Zeichnung, Pappband. ●●

Hobby

Aquarellmalerei
als Kunst und Hobby. (4147) Von H. Haack und B. Wersche, 136 S., 62 Farbfotos, 119 Zeichnungen, Pappband. ●●●●

Aquarellmalerei
Materialien · Techniken · Motive. (5099) Von T. Hinz, 64 S., 79 Farbfotos, Pappband. ●●

Hobby Aquarellmalen
Landschaft und Stilleben (0876) Von I. Schade, A. Brück, 80 S., 111 Farbabbildungen, kart. ●●

Videokassette
Hobby Aquarellmalen
Landschaft und Stilleben (6022/VHS) ca. 40 Min., in Farbe. ●●●●*

Aquarellmalerei leicht gelernt
Materialien · Techniken · Motive. (0787) Von T. Hinz, R. Braun, B. Zeidler, 32 S., 38 Farbfotos, 1 Zeichnung. ●

Aquarellieren auf Seide
Materialien · Techniken · Motive. (0917) Von I. Demharter, 32 S., 41 Farbfotos, Pappband. ●

Hobby Ölmalerei
Landschaft und Stilleben (0875) Von H. Kämper, I. Becker, 80 S., 93 Farbabb., kart. ●●

Videokassette
Hobby Ölmalerei
Landschaft und Stilleben (6025/VHS) ca. 40 Min., in Farbe. ●●●●*

Falken-Handbuch
Zeichnen und Malen
(4167) Von B. Bagnall, 336 S., 1154 Farbabb., Pappband. ●●●●●

Naive Malerei
Materialien · Motive · Techniken. (5083) Von F. Krettek, 64 S., 76 Farbfotos, Pappband. ●●

Bauernmalerei
als Kunst und Hobby. (4057) Von A. Gast und H. Stegmüller, 128 S., 239 Farbfotos, 26 Rißzeichnungen, Pappband. ●●●●

Hobby Bauernmalerei
(0436) Von S. Ramos und J. Roszak, 80 S., 116 Farbfotos und 28 Motivvorlagen, kart. ●●

Bauernmalerei
Kreatives Hobby nach alter Volkskunst (5039) Von S. Ramos, 64 S., 85 Farbfotos, Pappband. ●●

Glasmalerei
als Kunst und Hobby. (4088) Von F. Krettek und S. Beeh-Lustenberger, 132 S., 182 Farbfotos, 38 Motivvorlagen, Pappband. ●●●●

Naive Hinterglasmalerei
Materialien · Techniken · Bildvorlagen (5145) Von F. Krettek, 64 S., 87 Farbfotos, 6 Zeichnungen, Pappband. ●●

Kalligraphie
Die Kunst des schönen Schreibens (4263) Von C. Hartmann, 120 S., 44 Farbvorlagen, 29 s/w-Vorlagen, 2 s/w-Zeichnungen, 38 Farbfotos, Pappband. ●●●●

Seidenmalerei als Kunst und Hobby
(4264) Von S. Hahn, 136 S., 256 Farbfotos, 1 s/w-Foto, 34 Farbzeichnungen, Pappband. ●●●●

Kunstvolle Seidenmalerei
Mit zauberhaften Ideen zum Nachgestalten. (0783) Von I. Demharter, 32 S., 56 Farbfotos, Pappband. ●

Zauberhafte Seidenmalerei
Materialien · Techniken · Gestaltungsvorschläge. (0664) Von E. Dorn, 32 S., 62 Farbfotos, Pappband. ●

Hobby Seidenmalerei
(0611) Von R. Henge, 88 S., 106 Farbfotos, 28 Zeichnungen, kart. ●●

Hobby Stoffdruck und Stoffmalerei
(0555) Von A. Ursin, 80 S., 68 Farbfotos, 68 Zeichnungen, kart. ●●

Stoffmalerei und Stoffdruck
Materialien · Techniken · Ideen · Modelle (5074) Von H. Gehring, 64 S., 110 Farbfotos, Pappband. ●●

Batik
leicht gemacht. Materialien ·Färbetechniken · Gestaltungsideen. (5112) Von A. Gast, 64 S., 105 Farbfotos, Pappband. ●●

Textilfärben
Färben so einfach wie Waschen. (0693) Von W. Siegrist, P. Schärli, 32 S., 47 Farbfotos, 3 Zeichnungen, Spiralbindung. ●

Kreatives Bilderweben
Materialien – Vorlagen – Motive (0814) Von A. Schulte-Huxel, 32 S., 58 Farbfotos, 8 Zeichnungen, Pappband. ●

Hobby Applikationen
Materialien · Techniken · Modelle. (0899) Von H. Probst-Reinhardt, 80 S., 92 Farbfotos, 31 Zeichnungen, kart. ●●

Flechten
mit Bast, Stroh und Peddigrohr. (5098) Von H. Hangleiter, 64 S., 47 Farbfotos, 76 Zeichnungen, Pappband. ●●

Makramee
Knüpfarbeiten leicht gemacht. (5075) Von B. Pröttel, 64 S., 95 Farbfotos, Pappband. ●●

Falken-Handbuch
Nähen
Abc der Nähtechniken und kreative Modellschneiderei in ausführlichen Schritt-für-Schritt-Bildfolgen.
(4272) Von A. Bree, 320 S., 1142 Abbildungen, Schnittmusterbogen für alle Modelle, Pappband. ●●●●

Falken-Handbuch
Häkeln
ABC der Häkeltechniken und Häkelmuster in ausführlichen Schritt-für-Schritt-Bildfolgen. (4194) Von H. Fuchs, M. Natter, 288 S., 597 Farbfotos, 476 farbige Zeichnungen. Pappband. ●●●●

Häkeln
Schritt für Schritt für Rechts- und Linkshänder. (5134) Von H. Klaus, 64 S., 120 Farbfotos, 144 Zeichnungen, Pappband. ●●

Klöppeln
Schritt für Schritt leicht gelernt. (0788) Von U. Seiffer, 32 S., 42 Farb-, 1 s/w-Foto, 25 Zeichnungen, mit Klöppelbriefen, Pappband. ●

Sticken
Schritt für Schritt für Rechts- und Linkshänder. (5135) Von U. Werner, 64 S., 196 Farbfotos, 96 Zeichnungen, Pappband. ●●

Die hier vorgestellten Bücher, Videokassetten und Software sind in folgende Preisgruppen unterteilt:

● Preisgruppe bis DM 10,–/S 79,–
●● Preisgruppe über DM 10,– bis DM 20,– S 80,– bis S 160,–
●●● Preisgruppe über DM 20,– bis DM 30,– S 161,– bis S 240,–
●●●● Preisgruppe über DM 30,– bis DM 50,– S 241,– bis S 400,–
●●●●● Preisgruppe über DM 50,–/S 401,–
*(unverbindliche Preisempfehlung)

FALKEN VERLAG

Monogrammstickerei
Mit Vorlagen für Initialen, Vignetten und Ornamente. (5148) Von H. Fuchs, 64 S., 50 Farbfotos, 50 Zeichnungen, Pappband. ●●

Falken-Handbuch
Stricken
ABC der Stricktechniken und Strickmuster in ausführlichen Schritt-für-Schritt-Bildfolgen. (4137) Von M. Natter, 312 S., 106 Farb- und 922 s/w-Fotos, 318 Zeichnungen, Pappband. ●●●●

Bestrickend schöne Ideen
Pullover, Westen, Ensembles, Jacken
(4178) Von R. Weber, 208 S., 220 Farbfotos, 358 Zeichnungen, Pappband. ●●●

Chic in Strick
Neue Pullover
Westen · Jacken · Kleider · Ensembles. (4224) Hrsg. R. Weber, 192 S., 255 Farbabb., Pappband. ●●●

Das moderne Standardwerk von der Expertin
Perfekt Stricken
Mit Sonderteil Häkeln
(4250) Von H. Jaacks, 256 S., 703 Farbfotos, 169 Farb- und 121 s/w-Zeichnungen, Pappband. ●●●

Videokassette Stricken
(6007/VHS, 6008/Video 2000, 6009/Beta). Von P. Krolikowski-Habicht, H. Jaacks, 51 Min., in Farbe. ●●●●*

Stricken
Schritt für Schritt für Rechts- und Linkshänder. (5142) Von S. Oelwein-Schefczik, 64 S., 148 Farbfotos, 173 Zeichnungen, Pappband. ●●

Die schönsten Handarbeiten zum Verschenken
(4225) Von B. Wenzelburger, 128 S., 156 Farbfotos, 70 2-farbige Zeichnungen, Pappband. ●●●●

Kuscheltiere stricken und häkeln
Arbeitsanleitungen und Modelle. (0734) Von B. Wehrle, 32 S., 60 Farbfotos, 28 Zeichnungen, Spiralbindung. ●

Hobby Patchwork und Quilten
(0768) Von B. Staub-Wachsmuth, 80 S., 108 Farbabb., 43 Zeichnungen, kart. ●●

Hobby Spitzencollagen
Bezaubernde Motive aus edlem Material. (0847) Von H. Westphal, 80 S., 186 Farbfotos, kart. ●●

Textiles Gestalten
Weben, Knüpfen, Batiken, Sticken, Objekte und Strukturen. (5123) Von J. Fricke, 136 S., 67 Farb- und 189 s/w-Fotos, 15 Zeichnungen, kart. ●●

Gestalten mit Glasperlen
fädeln · sticken · weben (0640) Von A. Köhler, 32 S., 55 Farbfotos, Spiralbindung. ●

Schmuck, Accessoires und Dekoratives
aus Fimo modelliert
(0873) Von A. Aurich, 32 S., 54 Farbfotos, Pappband. ●

Phantasievolles Schminken
Verzauberte Gesichter für Maskeraden, Laienspiel und Kinderfeste. (0907) Hrsg. von Y. u. H. Nadolny, 64 S., 227 Farbfotos, kart. ●●

Neue zauberhafte Salzteig-Ideen
(0719) Von I. Kiskalt, 80 S., 324 Farbfotos, 12 Zeichnungen, kart. ●●

Hobby Salzteig
(0662) Von I. Kiskalt, 80 S., 150 Farbfotos, 5 Zeichnungen, Schablonen, kart. ●●

Gestalten mit Salzteig
formen · bemalen · lackieren. (0613) Von W.-U. Cropp, 32 S., 56 Farbfotos, 17 Zeichnungen, Pappband. ●

Originell und dekorativ
Salzteig mit Naturmaterialien
(0833) Von A. und H. Wegener, 80 S., 166 Farbfotos, kart. ●●

Buntbemalte Kunstwerke aus Salzteig
Figuren, Landschaften und Wandbilder. (5141) Von G. Belli, 64 S., 165 Farbfotos, 1 Zeichnung, Pappband. ●●

Kreatives Gestalten mit Salzteig
Originelle Motive für Fortgeschrittene. (0769) Hrsg. I. Kiskalt, 80 S., 168 Farbfotos, kart. ●●

Videokassette Salzteig
(6010/VHS, 6011/Video 2000, 6012/Beta) Von I. Kiskalt, Dr. A. Teuchert, in Farbe, ca. 35 Min. ●●●●●*

Tiffany-Spiegel selbermachen
Materialien · Arbeitsanleitung · Vorlagen. (0761) Von R. Thomas, 32 S., 53 Farbfotos, Pappband. ●

Tiffany-Schmuck selbermachen
Materialien · Arbeitsanleitungen · Modelle. (0871) Von B. Poludniak, H. W. Scheib, 32 S., 54 Farbfotos, 3 Zeichnungen, Pappband. ●

Tiffany-Lampen selbermachen
Arbeitsanleitung · Materialien · Modelle. (0684) Von I. Spliethoff, 32 S., 60 Farbfotos, Pappband. ●

Hobby Glaskunst in Tiffany-Technik
(0781) Von N. Köppel, 80 S., 194 Farbfotos, 6 s/w-Abb., kart., ●●

Origami –
Die Kunst des Papierfaltens. (0280) Von R. Harbin, 160 S., 633 Zeichnungen, kart. ●

Hobby Origami
Papierfalten für groß und klein. (0756) Von Z. Aytüre-Scheele, 88 S., über 800 Farbfotos, kart. ●●

Neue zauberhafte Origami-Ideen
Papierfalten für groß und klein. (0805) Von Z. Aytüre-Scheele, 80 S., 720 Farbfotos, kart. ●●

Weihnachtsbasteleien
(0667) Von M. Kühnle und S. Beck, 32 S., 56 Farbfotos, 6 Zeichnungen, Pappband. ●

Bastelspaß mit der Laubsäge
Mit Schnittmusterbogen für viele Modelle in Originalgröße. (0741) Von L. Giesche, M. Bausch, 32 S., 61 Farbfotos, 7 Zeichnungen, Schnittmusterbogen, Pappband. ●

Hobby Drachen
bauen und steigen lassen. (0767) Von W. Schimmelpfennig, 80 S., 1 dreiseitige Ausklapptafel, 55 Farbfotos, 139 Zeichnungen, kart. ●●

Falken-Heimwerker-Praxis
Tapezieren
(0743) Von W. Nitschke, 112 S., 186 Farbfotos, 9 Zeichnungen, kart. ●●

Falken-Heimwerker-Praxis
Anstreichen und Lackieren
(0771) Von P. Müller, 120 S., 186 Farbfotos, 2 s/w Fotos, 3 Zeichnungen, kart. ●●

Falken-Heimwerker-Praxis
Fahrrad-Reparaturen
(0796) Von R. van der Plas, 112 S., 140 Farbfotos, 113 farbige Zeichnungen, kart. ●●

Falken-Heimwerker-Praxis
Kleinmöbel aus Holz
(0905) Von O. Maier, 128 S., 210 Farbfotos, 80 Zeichnungen, kart. ●●

Falken-Handbuch
Heimwerken
Reparieren und Selbermachen in Haus und Wohnung – über 1100 Farbfotos. Praktische Tips vom Profi: Selbermachen, Reparieren, Renovieren, Kostensparen. (4117) Von Th. Pochert, 440 S., 1103 Farbfotos, 100 ein- und zweifarbige Abb., Pappband. ●●●●

Feuerzeichen behaglicher Wohnkultur
Kachelöfen, Kamine und Kaminöfen
(4288) Hrsg. von C. Berninghaus. Von R. Heinen, G. Kosicek, H. P. Sabborrosch, 168 S., 291 Farbfotos, 2 s/w-Fotos, 8 Zeichnungen, Pappband. ●●●●●

Restaurieren von Möbeln
Stilkunde, Materialien, Techniken, Arbeitsanleitungen in Bildfolgen. (4120) Von E. Schnaus-Lorey, 152 S., 37 Farbfotos, 75 s/w Fotos, 352 Zeichnungen, Pappband. ●●●●

Möbel aufarbeiten, reparieren und pflegen
(0386) Von E. Schnaus-Lorey, 96 S., 28 Fotos, 101 Zeichnungen, kart., ●

Vogelhäuschen, Nistkästen, Vogeltränken
mit Plänen und Anleitungen zum Selbstbau. (0695) Von J. Zech, 32 S., 42 Farbfotos, 5 Zeichnungen, Pappband. ●

Strohschmuck selbstgebastelt
Sterne, Figuren und andere Dekorationen (0740) Von E. Rombach, 32 S., 60 Farbfotos, 17 Zeichnungen, Pappband. ●

Das Herbarium
Pflanzen sammeln, bestimmen und pressen. (5113) Von I. Gabriel, 96 S., 140 Farbfotos, Pappband. ●●

Gestalten mit Naturmaterialien
Zweige, Kerne, Federn, Muscheln und anderes. (5128) Von I. Krohn, 64 S., 101 Farbfotos, 11 farbige Zeichnungen, Pappband. ●●

Blütenbilder aus Blumen und Blätter
Phantasievolle Naturcollagen. (0872) Von G. Schamp, 32 S., 57 Farbfotos, 1 Zeichnung, Pappband. ●

Dauergestecke
mit Zweigen, Trocken- und Schnittblumen. (5121) Von G. Vocke, 64 S., 57 Farbfotos, Pappband. ●●

Ikebana
Einführung in die japanische Kunst des Blumensteckens. (0548) Von G. Vocke, 152 S., 47 Farbfotos, kart. ●●

Blumengestecke im Ikebanastil
(5041) Von G. Vocke, 64 S., 37 Farbfotos, viele Zeichnungen, Pappband. ●●

Hobby Trockenblumen
Gewürzsträuße, Gestecke, Kränze, Buketts. (0643) Von R. Strobel-Schulze, 88 S., 170 Farbfotos, kart. ●●

Hobby Gewürzsträuße
und zauberhafte Gebinde nach Salzburger Art. (0726) Von A. Ott, 80 S., 101 Farbfotos, 51 farbige Zeichnungen, kart. ●●

Trockenblumen und Gewürzsträuße
(5084) Von G. Vocke, 64 S., 63 Farbfotos, Pappband. ●●

Arbeiten mit Ton
Töpfern mit und ohne Scheibe. (5048) Von J. Fricke, 128 S., 15 Farbtafeln, 166 s/w-Fotos, kart. ●●

Töpfern
als Kunst und Hobby. (4073) Von J. Fricke, 132 S., 37 Farbfotos, 222 s/w-Fotos, Pappband. ●●●●

Die hier vorgestellten Bücher, Videokassetten und Software sind in folgende Preisgruppen unterteilt:

● Preisgruppe bis DM 10,– /S 79,–
●● Preisgruppe über DM 10,– bis DM 20,– S 80,– bis S 160,–
●●● Preisgruppe über DM 20,– bis DM 30,– S 161,– bis S 240,–
●●●● Preisgruppe über DM 30,– bis DM 50,– S 241,– bis S 400,–
●●●●● Preisgruppe über DM 50,– /S 401,–
*(unverbindliche Preisempfehlung)

FALKEN VERLAG

Die Preise entsprechen dem Status beim Druck dieses

Schöne Sachen modellieren
Originelles aus Cernit – ideenreich gestaltet. (0762) Von G. Thelen, 32 S., 105 Farbfotos, Pappband. ●

Porzellanpuppen
Zauberhafte alte Puppen selbst nachbilden. (5138) Von C. A. und D. Stanton, 64 S., 58 Farbfotos, 22 Zeichnungen, Pappband. ●●

Zauberhafte alte Puppen
Sammeln · Restaurieren · Nachbilden (4255) Von C. A. Stanton, J. Jacobs, 120 S., 157 Farbfotos, 24 Zeichnungen, Pappband. ●●●●

Stoffpuppen
Liebenswerte Modelle selbermachen. (5150) Von I. Wolff, 56 S., 115 Farbfotos, 15 Zeichnungen, mit Schnittmusterbogen, Pappband. ●●

Hobby Puppen
Bezaubernde Modelle selbst gestalten. (0742) Von B. Wenzelburger, 88 S., 163 Farbfotos, 41 Zeichnungen, 11 Schnittmuster, kart. ●●

Puppen und Figuren aus Kunstporzellan
gießen, bemalen und gestalten. (0735) Von G. Baumgarten, 32 S., 86 Farbfotos, Pappband. ●

Selbstgestrickte Puppen
Materialien und Arbeitsanleitungen. (0638) Von B. Wehrle, 32 S., 23 Farbfotos, 24 Zeichnungen, Pappband. ●

Dekorative Rupfenpuppen
Arbeitsanleitungen und Gestaltungsvorschläge. (0733) Von B. Wenzelburger, 32 S., 57 Farbfotos, 14 Zeichnungen, Spiralbindung. ●

Phantasiepuppen stricken und häkeln
Märchenhafte Modelle mit Arbeitsanleitungen. (0813) Von B. Wehrle, 32 S., 26 Farbfotos, 30 einfarbige und 16 dreifarbige Zeichnungen, Pappband. ●

Heißgeliebte Teddybären
Selbermachen · Sammeln · Restaurieren. (0900) Von H. Nadolny, Y. Thalheim, 80 S., 119 Farbfotos, 23 s/w-Zeichnungen, 14 S. Schnittmusterbogen, kart. ●●

Schritt für Schritt zum Scherenschnitt
Materialien · Techniken · Gestaltungsvorschläge. (0732) Von H. Klingmüller, 32 S., 38 Farbfotos, 34 Vorlagen, Pappband. ●

Garagentore selbst bemalt
Techniken und Motive. (0786) Von H. u. Y. Nadolny, 32 S., 24 Farbfotos, 12 s/w-Zeichnungen, Pappband. ●

Alle Jahre wieder…
Advent und Weihnachten
Basteln – Backen – Schmücken – Singen – Vorlesen – Feiern
(4260) Von H. und Y. Nadolny, 256 S., 105 Farbfotos, 130 Zeichnungen, Pappband. ●●●

Freizeit

Aktfotografie
Interpretationen zu einem unerschöpflichen Thema.
Gestaltung · Technik · Spezialeffekte. (0737) Von H. Wedewardt, 88 S., 144 Farb- und 6 s/w-Fotos, 6 Zeichnungen, kart. ●●

Videokassette Aktfotografie
Laufzeit ca. 60 Min. In Farbe. (6001/VHS, 6002/Video 2000, 6003/Beta) ●●●●●*

So macht man bessere Fotos
Das meistverkaufte Fotobuch der Welt. (0614) Von M. L. Taylor, 192 S., 457 Farbfotos, 15 Abb., kart. ●●

Falken-Handbuch **Trickfilmen**
Flach-, Sach- und Zeichentrickfilme – von der Idee zur Ausführung. (4131) Von H.-D. Wilden, 144 S., über 430 überwiegend farbige Abb., Pappband. ●●●●

Schmalfilmen
Ausrüstung · Aufnahmepraxis · Schnitt · Ton. (0342) Von U. Ney, 108 S., 4 Farbtafeln, 25 s/w-Fotos, kart. ●

Schmalfilme selbst vertonen
(0593) Von U. Ney, 96 S., 57 s/w-Fotos, 14 Zeichnungen, kart. ●

Fotografie – Das Schöne als Ziel
Zur Ästhetik und Psychologie der visuellen Wahrnehmung. (4122) Von E. Stark, 208 S., 252 Farbfotos, 63 Zeichnungen, Ganzleinen. ●●●●●

Videografieren
Filmen mit Video 8
Technik – Bildgestaltung – Schnitt – Vertonung. (0843) Von M. Wild und K. Möller, 120 S., 101 Farbfotos, 22 s/w-Fotos, 52 Zeichnungen, kart. ●●

Videokassette
Videografieren
Filmen mit Video 8
Technik – Bildgestaltung – Schnitt – Vertonung. (6031) VHS, (6033) Beta, (6034) Sony 8 mm, von M. Wild, 60 Min., in Farbe. ●●●●●*

Ferngelenkte Motorflugmodelle
bauen und fliegen. (0400) Von W. Thies, 184 S., mit Zeichnungen und Detailplänen, kart. ●●

Flugmodelle
bauen und einfliegen. (0361) Von W. Thies und W. Rolf, 160 S., 63 Abb., 7 Faltpläne, kart. ●●

Kleine Welt auf Rädern
Das faszinierende Spiel mit **Modelleisenbahnen** (4175) Von F. Eisen, 256 S., 72 Farb- und 180 s/w-Fotos, 25 Zeichnungen, Pappband. ●●●

Modelleisenbahnen im Freien
Mit Volldampf durch den Garten. (4245) Von F. Eisen, 96 S., 115 Farb-, 4 s/w-Fotos, 5 Zeichnungen, Pappband. ●●●

Videokassette
Die Modelleisenbahn
Anlagenbau in Modultechnik.
Neue kreative Gestaltung.
Neue raffinierte Techniken.
(6028) VHS, (6029) Video 2000, (6030) Beta, von J. Grahn, 30 Min., in Farbe. ●●●●*

Die Super-Eisenbahnen der Welt
(4287) Von W. Kosak, H. G. Isenberg, 224 S., 269 Farbfotos, 79 s/w-Fotos, 8 Vignetten, 5 farb. Ausklapptafeln, Pappband. ●●●●

Raketen auf Rädern
Autos und Motorräder an der Schallgrenze (4220) Von H. G. Isenberg, 96 S., 112 Farbfotos, 21 s/w-Fotos, Pappband. ●●●

Die rasantesten Rallyes der Welt
(4213) Von H. G. Isenberg und D. Maxeiner, 96 S., 116 Farbfotos, Pappband. ●●●

Trucks
Giganten der Landstraßen in aller Welt. (4222) Von H. G. Isenberg, 96 S., 131 Farbfotos, Pappband. ●●●

Die Super-Trucks der Welt
(4257) Von H. G. Isenberg, 194 S., 205 Farbfotos, 87 s/w-Fotos, 7 Farbzeichnungen, 4 Ausklapptafeln, Pappband. ●●●●

Ferngelenkte Elektroflugmodelle
bauen und fliegen. (0700) Von W. Thies, 144 S., 52 s/w-Fotos, 50 Zeichnungen, kart. ●●

Schiffsmodelle
selber bauen. (0500) Von D. und R. Lochner, 200 S., 93 Zeichnungen, 2 Faltpläne, kart. ●●

Dampflokomotiven
(4204) Von W. Jopp, 96 S., 134 Farbfotos, Pappband. ●●●

Ferngelenkte Segelflugmodelle
bauen und fliegen. (0446) Von W. Thies, 176 S., 22 s/w-Fotos, 115 Zeichnungen, kart. ●●

Motorrad-Hits
Chopper, Tribikes, Heiße Öfen. (4221) Von H. G. Isenberg, 96 S., 119 Farbfotos, Pappband. ●●●

Die Super-Motorräder der Welt
(4193) Von H. G. Isenberg, 192 S., 170 Farb- und 100 s/w-Fotos, 8 Zeichnungen, Pappband. ●●●●

Motorrad-Faszination
Heiße Öfen, von denen jeder träumt. (4223) Von H. G. Isenberg, 96 S., 103 Farb- und 20 s/w-Fotos, Pappband. ●●●

Münzen
Ein Brevier für Sammler. (0353) Von E. Dehnke, 128 S., 4 Farbtafeln, 17 s/w-Abb., kart. ●●

Astronomie als Hobby
Sternbilder und Planeten erkennen und benennen. (0572) Von D. Block, 176 S., 16 Farbtafeln, 49 s/w-Fotos, 93 Zeichnungen, kart. ●●

Astronomie im Bild
Unser Sternenhimmel rund ums Jahr
(0849) Von Dr. E. Übelacker, 88 S., 48 Farbfotos, 1 s/w-Foto, 68 Farbzeichnungen, kart. ●●

Gitarre spielen
Ein Grundkurs für den Selbstunterricht. (0534) Von A. Roßmann, 96 S., 1 Schallfolie, 150 Zeichnungen, kart. ●●●

Falken-Handbuch **Zaubern**
Über 400 verblüffende Tricks. (4063) Von F. Stutz, 368 S., 1200 Zeichnungen, Pappband. ●●●●

Zaubertricks für jedermann
(0282) Von J. Merlin, 176 S., 113 Abb., kart. ●●

Zaubern
einfach – aber verblüffend. (2018) Von D. Buoch, 84 S., 41 Zeichnungen, kart. ●

Magische Zaubereien
(0672) Von W. Widenmann, 64 S., 31 Zeichnungen, kart. ●

Die hier vorgestellten Bücher, Videokassetten und Software sind in folgende Preisgruppen unterteilt:

● Preisgruppe bis DM 10,–/S 79,–
●● Preisgruppe über DM 10,– bis DM 20,– S 80,– bis S 160,–
●●● Preisgruppe über DM 20,– bis DM 30,– S 161,– bis S 240,–
●●●● Preisgruppe über DM 30,– bis DM 50,– S 241,– bis S 400,–
●●●●● Preisgruppe über DM 50,–/S 401,–
*(unverbindliche Preisempfehlung)

FALKEN VERLAG

Mit vollem Genuß
Pfeife rauchen
Alles über Tabaksorten, Pfeifen und Zubehör. (4227) Von H. Behrens, H. Frickert, 168 S., 127 Farbfotos, 18 Zeichnungen, Pappband. ●●●●

Mineralien, Steine und Fossilien
Grundkenntnisse für Hobby-Sammler. (0437) Von D. Stobbe, 96 S., 16 Farbtafeln, 14 s/w-Fotos, 10 Zeichnungen, kart. ●

Freizeit mit dem Mikroskop
(0291) Von M. Deckart, 132 S., 8 Farbtafeln, 64 s/w Abb., 2 Zeichnungen, kart. ●

Die Faszination der Philatelie
Briefmarken sammeln
(4273) Von D. Stein, 212 S., 124 s/w-Fotos, 24 Farbtafeln, Pappband. ●●●

Briefmarken
sammeln für Anfänger. (0481) Von D. Stein, 120 S., 4 Farbtafeln, 98 s/w-Abb., kart. ●

Wir lernen tanzen
Standard- und lateinamerikanische Tänze. (0200) Von E. Fern, 168 S., 118 s/w-Fotos, 47 Zeichnungen, kart. ●

Fit mit **Tanzen**
(2303) Von K. Richter, H. Kleinow, 88 S., 94 Farbfotos, kart. ●●

So tanzt man Rock'n'Roll
Grundschritte · Figuren · Akrobatik. (0573) Von W. Steuer und G. Marz, 224 S., 303 Abb., kart. ●●

Tanzen überall
Discofox, Rock'n'Roll, Blues, Langsamer Walzer, Cha-Cha-Cha zum Selberlernen. (0760) Von H. M. Pritzer, 112 S., 128 Farbfotos, kart. ●●

Videokassette **Tanzen überall**
Discofox, Rock'n'Roll, Blues. (6004/VHS, 6005/Video 2000, 6006/Beta) Von H. M. Pritzer, G. Steinheimer, in Farbe, ca. 45 Min. ●●●●●*

Anmutig und fit durch
Bauchtanz
(0911) Von Marta, 120 S., 229 Farbfotos, 6 s/w-Zeichnungen, kart. ●●

Schwarzwald-Romantik
Vom Zauber einer deutschen Landschaft. (4232) Hrsg. A. Rolf, 184 S., 273 Farbfotos, Pappband. ●●●

Sport

ZDF Sportjahr '87
Rekorde, Siege, Schicksale, Ergebnisse, Termine '88
(4290) Hrsg. von B. Heller, 192 S., 278 Farb- und 4 s/w-Fotos, kart. ●●

Judo
Grundlagen des Stand- und Bodenkampfes. (4013) Von W. Hofmann, 244 S., 589 Fotos, Pappband. ●●●

Neue Lehrmethoden der Judo-Praxis
(0424) Von P. Herrmann, 223 S., 475 Abb., kart. ●●

Judo
Grundlagen – Methodik. (0305) Von M. Ohgo, 208 S., 1025 Fotos, kart. ●●

Fußwürfe
für Judo, Karate und Selbstverteidigung. (0439) Von H. Nishioka, 96 S., 260 Abb., kart. ●

Modernes Karate
Das große Standardwerk mit 2229 Abbildungen. (4280) Von T. Okazaki, Dr. med. M. V. Stricevic, übers. von M. Pabst, 376 S., 2279 Abbildungen, Pappband. ●●●●●

Karate für alle
Karate-Selbstverteidigung in Bildern. (0314) Von A. Pflüger, 112 S., 356 s/w-Fotos, kart. ●

Karate für Frauen und Mädchen
Sport und Selbstverteidigung. (0425) Von A. Pflüger, 168 S., 259 s/w-Fotos, kart. ●●

Nakayamas Karate perfekt 1
Einführung. (0487) Von M. Nakayama, 136 S., 605 s/w-Fotos, kart. ●●

Nakayamas Karate perfekt 2
Grundtechniken. (0512) Von M. Nakayama, 136 S., 354 s/w-Fotos, 53 Zeichnungen, kart. ●●

Nakayamas Karate perfekt 3
Kumite 1: Kampfübungen. (0538) Von M. Nakayama, 128 S., 424 s/w-Fotos, kart. ●●

Nakayamas Karate perfekt 4
Kumite 2: Kampfübungen. (0547) Von M. Nakayama, 128 S., 394 s/w-Fotos, kart. ●●

Nakayamas Karate perfekt 5
Kata 1: Heian, Tekki. (0571) Von M. Nakayama, 144 S., 1229 s/w-Fotos, kart. ●●

Nakayamas Karate perfekt 6
Kata 2: Bassai-Dai, Kanku-Dai. (0600) Von M. Nakayama, 144 S., 1300 s/w-Fotos, 107 Zeichnungen, kart. ●●

Nakayamas Karate perfekt 7
Kata 3: Jitte, Hangetsu, Empi. (0618) Von M. Nakayama, 144 S., 1988 s/w-Fotos, 105 Zeichnungen, kart. ●●

Nakayamas Karate perfekt 8
Gankaku, Jion. (0650) Von M. Nakayama, 144 S., 1174 s/w-Fotos, 99 Zeichungen, kart. ●●

Kontakt-Karate
Ausrüstung · Technik · Training. (0396) Von A. Pflüger, 112 S., 238 s/w-Fotos, kart. ●●

Karate-Do
Das Handbuch des modernen Karate. (4028) Von A. Pflüger, 360 S., 1159 Abb., Pappband. ●●●●

Bo-Karate
Kukishin-Ryu – die Techniken des Stockkampfes. ((0447) Von G. Stiebler, 176 S., 424 s/w-Fotos, 38 Zeichnungen, kart. ●●

Karate I
Einführung · Grundtechniken. (0227) Von A. Pflüger, 148 S., 195 s/w-Fotos, 120 Zeichnungen, kart. ●

Karate II
Kombinationstechniken · Katas. (0239) Von A. Pflüger, 176 S., 452 s/w-Fotos und Zeichnungen, kart. ●

Karate Kata 1
Heian 1-5, Tekki 1, Bassai Dai. (0683) Von W.-D. Wichmann, 164 S., 703 s/w-Fotos, kart. ●●

Karate Kata 2
Jion, Empi, Kanku-Dai, Hangetsu. (0723) Von W.-D. Wichmann, 140 S., 661 s/ w-Fotos, 4 Zeichnungen, kart. ●●

25 Shotokan-Katas
Auf einen Blick: Karate-Katas für Prüfungen und Wettkämpfe. (0859) Von A. Pflüger, 88 S., 185 s/w-Abbildungen, 26 ganzseitige Tafeln mit über 1.600 Einzelschritten, kart. ●●

Videokassette **Karate**
Einführung und Grundtechniken. (6037/VHS) Von A. Pflüger, ca. 45 Min., in Farbe. ●●●●●*

Ninja 1
Die Lehre der Schattenkämpfer. (0758) Von S. K. Hayes, 144 S., 137 s/w-Fotos, kart. ●●

Ninja 2
Die Wege zum Shoshin (0763) Von S. K. Hayes, 160 S., 309 s/w-Fotos, kart. ●●

Ninja 3
Der Pfad des Togakure-Kämpfers. (0764) Von S. K. Hayes, 144 S., 197 s/w-Fotos, 2 Zeichnungen, kart. ●●

Ninja 4
Das Vermächtnis der Schattenkämpfer. (0807) Von S. K. Hayes, 196 S., 466 s/w-Fotos, kart. ●●

Der König des Kung-Fu
Bruce Lee
Sein Leben und Kampf. (0392) Von seiner Frau Linda. 136 S., 104 s/w-Fotos, kart. ●●

Bruce Lees Kampfstil 1
Grundtechniken. (0473) Von B. Lee und M. Uyehara, 109 S., 220 Abb., kart. ●

Bruce Lees Kampfstil 2
Selbstverteidigungs-Techniken. (0486) Von B. Lee und M. Uyehara, 128 S., 310 Abb., kart. ●

Bruce Lees Kampfstil 3
Trainingslehre. (0503) Von B. Lee und M. Uyehara, 112 S., 246 Abb., kart. ●

Bruce Lees Kampfstil 4
Kampftechniken. (0523) Von B. Lee und M. Uyehara, 104 S., 211 Abb., kart. ●

Bruce Lees Jeet Kune Do
(0440) Von B. Lee, 192 S., mit 105 eigenhändigen Zeichnungen von B. Lee, kart. ●●

Ju-Jutsu 1
Grundtechniken – Moderne Selbstverteidigung. (0276) Von W. Heim und F. J. Gresch, 164 S., 450 s/w-Fotos, 8 Zeichnungen, kart. ●

Ju-Jutsu 2
für Fortgeschrittene und Meister. (0378) Von W. Heim und F. J. Gresch, 164 S., 798 s/w-Fotos, kart. ●●

Ju-Jutsu 3
Spezial-, Gegen- und Weiterführungs-Techniken. (0485) Von W. Heim und F. J. Gresch, 214 S., über 600 s/w-Fotos, kart. ●●

Ju-Jutsu als Wettkampf
(0826) Von G. Kulot, 168 S., 418 s/w-Fotos, 2 Zeichnungen, kart. ●●

Nunchaku
Waffe · Sport · Selbstverteidigung. (0373) Von A. Pflüger, 144 S., 247 Abb., kart. ●●

Shuriken · Tonfa · Sai
Stockfechten und andere bewaffnete Kampfsportarten aus Fernost. (0397) Von A. Schulz, 96 S., 253 s/w-Fotos, kart. ●●

Illustriertes Handbuch des Taekwondo
Koreanische Kampfkunst und Selbstverteidigung. (4053) Von K. Gil, 248 S., 1026 Abb., Pappband. ●●●

Taekwon-Do
Koreanischer Kampfsport. (0347) Von K. Gil, 152 S., 408 Abb., kart. ●●

Die hier vorgestellten Bücher, Videokassetten und Software sind in folgende Preisgruppen unterteilt:

● Preisgruppe bis DM 10,–/S 79,–
●● Preisgruppe über DM 10,– bis DM 20,– S 80,– bis S 160,–
●●● Preisgruppe über DM 20,– bis DM 30,– S 161,– bis S 240,–
●●●● Preisgruppe über DM 30,– bis DM 50,– S 241,– bis S 400,–
●●●●● Preisgruppe über DM 50,–/S 401,–
*(unverbindliche Preisempfehlung)

FALKEN VERLAG

Die Preise entsprechen dem Status beim Druck dieses

Taekwondo perfekt 1
Die Formenschule bis zum Blaugurt.
(0890) Von K. Gil, Kim Chul-Hwan, 176 S., 439 s/w-Fotos, 107 Zeichnungen, kart. ●●

Aikido
Lehren und Techniken des harmonischen Weges. (0537) Von R. Brand, 280 S., 697 Abb., kart. ●●

Kung-Fu und Tai-Chi
Grundlagen und Bewegungsabläufe. (0367) Von B. Tegner, 182 S., 370 s/w-Fotos, kart. ●●

Kung-Fu
Theorie und Praxis klassischer und moderner Stile. (0376) Von M. Pabst, 160 S., 330 Abb., kart. ●●

Shaolin-Kempo – Kung-Fu
Chinesisches Karate im Drachenstil. (0395) Von R. Czerni und K. Konrad. 246 S., 723 Abb., kart. ●●

Hap Ki Do
Grundlagen und Techniken koreanischer Selbstverteidigung. (0379) Von Kim Sou Bong, 112 S., 153 Abb., kart. ●●

Dynamische Tritte
Grundlagen für den Zweikampf. (0438) Von C. Lee, 96 S., 398 s/w-Fotos, 10 Zeichnungen, kart. ●

Kickboxen
Fitneßtraining und Wettkampfsport. (0795) Von G. Lemmens, 96 S., 208 s/w-Fotos, 23 Zeichnungen, kart. ●●

Selbstverteidigung
Abwehrtechniken für Sie und Ihn (0853) Von E. Deser, 96 S., 259 s/w-Fotos, kart. ●

Muskeltraining mit Hanteln
Leistungssteigerung für Sport und Fitness. (0676) Von H. Schulz, 108 S., 92 s/w-Fotos, 2 Zeichnungen, kart. ●

Leistungsfähiger durch Krafttraining
Eine Anleitung für Fitness-Sportler, Trainer und Athleten (0617) Von W. Kieser, 100 S., 20 s/w-Fotos, 62 Zeichnungen, kart. ●

Die Faszination athletischer Körper
Bodybuilding
mit Weltmeister Ralf Möller
(4281) Von R. Möller, 128 S., 169 Farbfotos, 14 s/w-Fotos, 1 Farbzeichnung, Pappband. ●●●●

Bodybuilding
Anleitung zum Muskel- und Konditionstraining für sie und ihn. (0604) Von R. Smolana. 160 S., 171 s/w-Fotos, kart. ●

Hanteltraining zu Hause
(0800) Von W. Kieser, 80 S., 71 s/w-Fotos, 4 Zeichnungen, kart. ●

Fit und gesund
Körpertraining und Bodybuilding zu Hause. (0782) Von H. Schulz, 80 S., 100 Farbfotos, 3 Zeichnungen, kart. ●●

Videokassette **Fit und gesund**
VHS (6013), Video 2000 (6014), Beta (6015), Laufzeit 30 Minuten, in Farbe. ●●●●*

Bodybuilding für Frauen
Wege zu Ihrer Idealfigur (0661) Von H. Schulz, 108 S., 84 s/w-Fotos, 4 Zeichnungen, kart. ●●

Isometrisches Training
Übungen für Muskelkraft und Entspannung. (0529) Von L. M. Kirsch, 140 S., 162 s/w-Fotos, kart. ●

Spaß am Laufen
Jogging für die Gesundheit. (0470) Von W. Sonntag, 140 S., 41 s/w-Fotos, 1 Zeichnung, kart. ●

Mein bester Freund, der Fußball
(5107) Von D. Brüggemann und D. Albrecht, 144 S., 171 Abb., kart. ●●

Fußball
Training und Wettkampf. (0448) Von H. Obermann und P. Walz, 166 S., 92 s/w-Fotos, 15 Zeichnungen, 29 Diagramme, kart. ●●

Handball
Technik · Taktik · Regeln. (0426) Von F. und P. Hattig, 128 S., 91 s/w-Fotos, 121 Zeichnungen, kart. ●●

Fit mit **Volleyball**
(2302) Von Dr. A. Scherer, 104 S., 27 Farb- und 1 s/w-Foto, 12 Farb- und 29 s/w-Zeichnungen, kart. ●●

Volleyball
Technik · Taktik · Regeln. (0351) Von H. Huhle, 104 S., 330 Abb., kart. ●

Hockey
Technische und taktische Grundlagen. (0398) Von H. Wein, 152 S., 60 s/w-Fotos, 30 Zeichnungen, kart. ●●

Eishockey
Lauf- und Stocktechnik, Körperspiel, Taktik, Ausrüstung und Regeln. (0414) Von J. Čapla, 264 S., 548 s/w-Fotos, 163 Zeichnungen, kart. ●●

Badminton
Technik · Taktik · Training. (0699) Von K. Fuchs, L. Sologub, 168 S., 51 Abb., kart., ●●

Golf
Ausrüstung · Technik · Regeln. (0343) Von J. C. Jessop, übersetzt von H. Biemer, mit einem Vorwort von H. Krings, Präsident des Deutschen Golf-Verbandes, 160 S., 65 Abb., Anhang Golfregeln des DGV, kart. ●●

Pool-Billard
(0484) Herausgegeben vom Deutschen Pool-Billard-Bund, von M. Bach und K.-W. Kühn, 88 S., mit über 80 Abb., kart. ●

Sportschießen
für jedermann. (0502) Von A. Kovacic, 124 S., 116 s/w-Fotos, kart. ●●

Fechten
Florett · Degen · Säbel. (0449) Von E. Beck, 88 S., 185 Fotos, 10 Zeichnungen, kart. ●●

Fibel für Kegelfreunde
Sport- und Freizeitkegeln · Bowling. (0191) Von G. Bocsai, 72 S., 62 Abb., kart. ●

Beliebte und neue Kegelspiele
(0271) Von G. Bocsai, 92 S., 62 Abb., kart. ●

111 spannende Kegelspiele
(2031) Von H. Regulski, 88 S., 53 Zeichnungen, kart., ●

Ski-Gymnastik
Fit für Piste und Loipe. (0450) Von H. Pilss-Samek, 104 S., 67 s/w-Fotos, 20 Zeichnungen, kart. ●

Die neue Skischule
Ausrüstung · Technik · Trickskilauf · Gymnastik. (0369) Von C. und R. Kerler, 128 S., 100 Abb., kart. ●

Skilanglauf, Skiwandern
Ausrüstung · Techniken · Skigymnastik. (5129) Von T. Reiter und R. Kerler, 80 S., 8 Farbtafeln, 85 Zeichnungen und s/w-Fotos, kart. ●●

Alpiner Skisport
Ausrüstung · Techniken · Skigymnastik. (5130) Von K. Meßmann, 128 S., 8 Farbtafeln, 93 s/ w-Fotos, 45 Zeichnungen, kart. ●●

Die neue Tennis-Praxis
Der individuelle Weg zu erfolgreichem Spiel. (4097) Von R. Schönborn, 240 S., 202 Farbzeichnungen, 31 s/w-Abb., Pappband. ●●●●

Erfolgreiche Tennis-Taktik
(4086) Von R. Ford Greene, übersetzt von M. R. Fischer, 182 S., 87 Abb., kart. ●●

Moderne Tennistechnik
(4187) Von G. Lam, 192 S., 339 s/w-Fotos, 91 Zeichnungen, kart. ●●●

Tennis kompakt
Der erfolgreiche Weg zu Spiel, Satz und Sieg. (5116) Von W. Taferner, 128 S., 82 s/w-Fotos, 67 Zeichnungen, kart. ●●

Tennis
Technik · Taktik · Regeln. (0375) Von H. Elschenbroich, 112 S., 81 Abb., kart. ●

Tischtennis-Technik
Der individuelle Weg zu erfolgreichem Spiel. (0775) Von M. Perger, 144 S., 296 Abb. kart. ●●

Squash
Ausrüstung · Technik · Regeln. (0539) Von D. von Horn und H.-D. Stünitz, 96 S., 55 s/w-Fotos, 25 Zeichnungen, kart. ●

Sporttauchen
Theorie und Praxis des Gerätetauchens. (0647) Von S. Müßig, 144 S., 8 Farbtafeln, 35 s/w-Fotos, 89 Zeichnungen, kart., ●●

Windsurfing
Lehrbuch für Grundschein und Praxis. (5028) Von C. Schmidt, 64 S., 60 Farbfotos, Pappband. ●●

Segeln
Der neue Grundschein – Vorstufe zum A-Schein – Mit Prüfungsfragen. (5147) Von C. Schmidt, 80 S., 8 Farbtafeln, 18 Farbfotos, 82 Zeichnungen, kart., ●●

Sportfischen
Fische – Geräte – Technik. (0324) Von H. Oppel, 144 S., 49 s/w-Fotos, 8 Farbtafeln, kart. ●

Falken-Handbuch
Angeln
in Binnengewässern und im Meer. (4090) Von H. Oppel, 344 S., 24 Farbtafeln, 66 s/w-Fotos, 151 Zeichnungen, gebunden. ●●●●

Angeln
Kleine Fibel für den Sportfischer. (0198) Von E. Bondick, 96 S., 116 Abb., kart. ●

Einführung in das Schachspiel
(0104) Von W. Wollenschläger und K. Colditz, 92 S., 116 Diagramme, kart. ●

Schach mit dem Computer
(0747) Von D. Frickenschmidt, 140 S., 112 Diagramme, 29 s/w-Fotos, 5 Zeichnungen, kart. ●●

Spielend Schach lernen
(2002) Von T. Schuster, 128 S., kart. ●

Kinder- und Jugendschach
Offizielles Lehrbuch des Deutschen Schachbundes zur Erringung der Bauern-, Turm- und Königsdiplome. (0561) Von B. J. Withuis und H. Pfleger, 144 S., 220 Zeichnungen u. Diagramme, kart. ●●

Die hier vorgestellten Bücher, Videokassetten und Software sind in folgende Preisgruppen unterteilt:

● Preisgruppe bis DM 10,–/S 79,–
●● Preisgruppe über DM 10,– bis DM 20,– S 80,– bis S 160,–
●●● Preisgruppe über DM 20,– bis DM 30,– S 161,– bis S 240,–
●●●● Preisgruppe über DM 30,– bis DM 50,– S 241,– bis S 400,–
●●●●● Preisgruppe über DM 50,–/S 401,–
*(unverbindliche Preisempfehlung)

Neue Schacheröffnungen
(0478) Von T. Schuster, 108 S., 100 Diagramme, kart. ●

Schach für Fortgeschrittene
Taktik und Probleme des Schachspiels. (0219) Von R. Teschner, 96 S., 85 Diagramme, kart. ●

Taktische Schachendspiele
(0752) Von J. Nunn, 200 S., 151 Diagramme, kart. ●●

Schach-WM '85 Karpow – Kasparow.
Mit ausführlichen Kommentaren zu allen Partien. (0785) Von H. Pfleger, O. Borik, M. Kipp-Thomas, 128 S., zahlreiche Abb. und Diagramme, kart. ●●

Die Schach-Revanche
Kasparow/Karpow 1986. (0831) Von O. Borik, H. Pfleger, M. Kipp-Thomas, 144 S., 19 s/w-Fotos, 72 Diagramme, kart. ●●

Schachstrategie
Ein Intensivkurs mit Übungen und ausführlichen Lösungen. (0584) Von A. Koblenz, dt. Bearb. von K. Colditz, 212 S., 240 Diagramme, kart. ●●

Falken-Handbuch **Schach**
(4051) Von T. Schuster, 360 S., über 340 Diagramme, gebunden. ●●●●

Die besten Partien deutscher Schachgroßmeister
(4121) Von H. Pfleger, 192 S., 29 s/w-Fotos, 89 Diagramme, Pappband. ●●●

Turnier der Schachgroßmeister '83
Karpow · Hort · Browne · Miles · Chandler · Garcia · Rogers · Kindermann. (0718) Von H. Pfleger, E. Kurz, 176 S., 29 s/w-Fotos, 71 Diagramme, kart. ●●

Lehr-, Übungs- und Testbuch der Schachkombinationen
(0649) Von K. Colditz, 184 S., 227 Diagramme, kart. ●●

Offizielles Lehrbuch des Deutschen Schachbundes
Das systematische Schachtraining
Trainingsmethoden, Strategien und Kombinationen. (0857) Von Sergiu Samarian, 152 S., 159 Diagramme, 1 Zeichnung, kart. ●●

So denkt ein Schachmeister
Strategische und taktische Analysen. (0915) Von H. Pfleger, G. Treppner, 120 S., 75 Diagramme, kart. ●●

FALKEN-SOFTWARE
Das komplette Schachprogramm
Spielen, Trainieren, Problemlösen mit dem Computer. (7006) Von J. Egger, Diskette für C 64, C 128 PC, mit Begleitheft. ●●●●●*

Zug um Zug
Schach für jedermann 1
Offizielles Lehrbuch des Deutschen Schachbundes zur Erringung des Bauerndiploms. (0648) Von H. Pfleger und E. Kurz, 80 S., 24 s/w-Fotos, 8 Zeichnungen, 60 Diagramme, kart. ●

Zug um Zug
Schach für jedermann 2
Offizielles Lehrbuch des Deutschen Schachbundes zur Erringung des Turmdiploms. (0659) Von H. Pfleger und E. Kurz, 132 S., 8 s/w-Fotos, 14 Zeichnungen, 78 Diagramme, kart. ●

Zug um Zug
Schach für jedermann 3
Offizielles Lehrbuch des Deutschen Schachbundes zur Erringung des Königdiploms. (0728) Von H. Pfleger, G. Treppner, 128 S., 4 s/w-Fotos, 84 Diagramme, 10 Zeichnungen, kart. ●

Schachtraining mit den Großmeistern
(0670) Von H. Bouwmeester, 128 S., 90 Diagramme, kart. ●●

Schach als Kampf
Meine Spiele und mein Weg. (0729) Von G. Kasparow, 144 S., 95 Diagramme, 9 s/w-Fotos, kart. ●●

Helmut Pflegers
Schachkabinett
Amüsante Aufgaben – überraschende Lösungen. (0877) Von H. Pfleger, 160 S., 118 Diagramme, kart. ●●

Spiele, Denksport, Unterhaltung

Kartenspiele
(2001) Von C. D. Grupp, 144 S., kart. ●

Neues Buch der siebzehn und vier Kartenspiele
(0095) Von K. Lichtwitz, 96 S., kart. ●

Alles über Pokern
Regeln und Tricks. (2024) Von C. D. Grupp, 112 S., 29 Kartenbilder, kart. ●

Rommé und Canasta
in allen Variationen. (2025) Von C. D. Grupp, 124 S., 24 Zeichnungen, kart., ●

Schafkopf, Doppelkopf, Binokel, Cego, Gaigel, Jaß, Tarock und andere „Lokalspiele".
(2015) Von C. D. Grupp, 152 S., kart. ●●

Spielend Skat lernen
unter freundlicher Mitarbeit des Deutschen Skatverbandes. (2005) Von Th. Krüger, 156 S., 181 s/w-Fotos, 22 Zeichnungen, kart. ●

Das Skatspiel
Eine Fibel für Anfänger. (0206) Von K. Lehnhoff, überarb. von P.A. Höfges, 96 S., kart ●

Black Jack
Regeln und Strategien des Kasinospiels. (2032) Von K. Kelbratowski, 88 S., kart. ●

Falken-Handbuch **Patiencen**
Die 111 interessantesten Auslagen. (4151) Von U. v. Lyncker, 216 S., 108 Abbildungen, Pappband. ●●●

Patiencen
in Wort und Bild. (2003) Von I. Wolter, 136 S., kart. ●

Neue Patienten
(2036) Von H. Sosna, 160 S., 43 Farbtafeln, kart. ●●

Falken-Handbuch **Bridge**
Von den Grundregeln zum Turnierspiel. (4092) Von W. Voigt und K. Ritz, 276 S., 792 Zeichnungen, gebunden. ●●●●

Spielend Bridge lernen
(2012) Von J. Weiss, 108 S., 58 Zeichnungen, kart. ●

Spieltechnik im Bridge
(2004) Von V. Mollo und N. Gardener, deutsche Adaption von D. Schröder, 216 S., kart. ●●

Besser Bridge spielen
Reiztechnik, Spielverlauf und Gegenspiel. (2026) Von J. Weiss, 144 S., 60 Diagramme, kart. ●●

Herausforderung im Bridge
200 Aufgaben mit Lösungen. (2033) Von V. Mollo, 152 S., kart. ●●

Präzisions-Treff im Bridge
(2037) Von E. Jannersten, 152 S., kart. ●●

Kartentricks
(2010) Von T. A. Rosee, 80 S., 13 Zeichnungen, kart. ●

Mah-Jongg
Das chinesische Glücks-, Kombinations- und Gesellschaftsspiel. (2030) Von U. Eschenbach, 80 S., 30 s/w-Fotos, 5 Zeichnungen, kart. ●

Neue Kartentricks
(2027) Von K. Pankow, 104 S., 20 Abb., kart. ●

Backgammon
für Anfänger und Könner. (2008) Von G. W. Fink und G. Fuchs, 116 S., 41 Abb., kart. ●

Würfelspiele
für jung und alt. (2007) Von F. Pruss, 112 S., 21 s/w-Zeichnungen, kart. ●

Gesellschaftsspiele
für drinnen und draußen. (2006) Von H. Görz, 128 S., kart. ●

Spiele für Party und Familie
(2014) Von Rudi Carrell, 160 S., 50 Abb., kart. ●

Das japanische Brettspiel Go
(2020) Von W. Dörholt, 104 S., 182 Diagramme, kart. ●

Roulette richtig gespielt
Systemspiele, die Vermögen brachten. (0121) Von M. Jung, 96 S., zahlreiche Tabellen, kart. ●

Spielend Roulette lernen
(2034) Von E. P. Caspar, 152 S., 1 s/w-Foto, 45 Zeichnungen, kart. ●●

Denksport und Schnickschnack
für Tüftler und fixe Köpfe. (0362) Von J. Barto, 100 S., 45 Abb., kart. ●

Rätselspiele, Quiz- und Scherzfragen
für gesellige Stunden. (0577) Von K.-H. Schneider, 168 S., über 100 Zeichnungen, Pappband. ●●

Knobeleien und Denksport
(2019) Von K. Rechberger, 142 S., 105 Zeichnungen, kart. ●

Das Geheimnis der magischen Ringe
Alles über das Puzzle vom Würfel-Erfinder. Die schönsten Figuren. (0878) Von Dr. Ch. Bandelow, 96 S., 198 Zeichnungen, 8 Cartoons, kart. ●

Quiz
Mehr als 1500 ernste und heitere Fragen aus allen Gebieten. (0129) Von R. Sautter und W. Pröve, 92 S., 9 Zeichnungen, kart. ●

500 Rätsel selberraten
(0681) Von E. Krüger, 272 S., kart. ●

501 Rätsel selberraten
(0711) Von E. Krüger, 272 S., kart. ●

Riesen-Kreuzwort-Rätsel-Lexikon
über 250.000 Begriffe. (4197) Von H. Schiefelbein, 1024 S., Pappband. ●●●

Das Super-Kreuzwort-Rätsel-Lexikon
Über 150.000 Begriffe. (4279) Von H. Schiefelbein, 688 S., Pappband. ●●

Das große farbige Kinderlexikon
(4195) Von U. Kopp, 320 S., 493 Farbabb., 17 s/w-Fotos, Pappband. ●●●

Die hier vorgestellten Bücher, Videokassetten und Software sind in folgende Preisgruppen unterteilt:

● Preisgruppe bis DM 10,–/S 79,–
●● Preisgruppe über DM 10,– bis DM 20,– S 80,– bis S 160,–
●●● Preisgruppe über DM 20,– bis DM 30,– S 161,– bis S 240,–
●●●● Preisgruppe über DM 30,– bis DM 50,– S 241,– bis S 400,–
●●●●● Preisgruppe über DM 50,–/S 401,–
*(unverbindliche Preisempfehlung)

FALKEN VERLAG

Die Preise entsprechen dem Status beim Druck dieses

Das große farbige
Bastelbuch für Kinder
(4254) Von U. Barff, I. Burkhardt, J. Maier, 224 S., 157 Farbfotos, 430 Farb- und 69 s/w-Zeichnungen, Pappband. ●●●

Punkt, Punkt, Komma, Strich
Zeichenstunden für Kinder. (0564) Von H. Witzig, 144 S., über 250 Zeichnungen, kart. ●

Einmal grad und einmal krumm
Zeichenstunden für Kinder. (0599) Von H. Witzig, 144 S., 363 Abb., kart. ●

Kinderspiele
die Spaß machen. (2009) Von H. Müller-Stein, 112 S., 28 Abb., kart. ●

Spiele für Kleinkinder
(2011) Von D. Kellermann, 80 S., 23 Abb., kart. ●

Spiel und Spaß am Krankenbett
für Kinder und die ganze Familie. (2035) Von H. Bücken, 104 S., 97 Zeichnungen, kart. ●

Kasperletheater
Spieltexte und Spielanleitungen · Basteltips für Theater und Puppen. (0641) Von U. Lietz, 136 S., 4 Farbtafeln, 12 s/w-Fotos, 39 Zeichnungen, kart. ●

Tri-tra-trullalla
Neue Texte mit Spielanleitungen fürs Kasperletheater. (0681) Von U. Lietz, 96 S., 18 s/w-Zeichnungen, kart. ●

Kindergeburtstag
Vorbereitung, Spiel und Spaß. (0287) Von Dr. I. Obrig, 104 S., 40 Abb., 11 Zeichnungen, 9 Lieder mit Noten, kart. ●

Kindergeburtstage die keiner vergißt
Planung, Gestaltung, Spielvorschläge. (0698) Von G. und G. Zimmermann, 102 S., 80 Vignetten, kart. ●

Kinderfeste
daheim und in Gruppen. (4033) Von G. Blechner, 240 S., 320 Abb., kart. ●●

Scherzfragen, Drudel und Blödeleien
gesammelt von Kindern. (0506) Hrsg. von W. Pröve, 112 S., 57 Zeichnungen, kart. ●

Komm mit ins Land der Lieder
Das große Buch der Kinder-, Volks- und Chorlieder. (4261) Hrsg. von H. Rauhe, 176 S., 146 Farbzeichnungen, Pappband. ●●●

Die schönsten Wander- und Fahrtenlieder
(0462) Hrsg. von F. R. Miller, empfohlen vom Deutschen Sängerbund, 80 S., mit Noten und Zeichnungen, kart. ●

Die schönsten Volkslieder
(0432) Hrsg. von D. Walther, 128 S., mit Noten und Zeichnungen, kart. ●

Neue Spiele für Ihre Party
(2022) Von G. Blechner, 120 S., 54 Zeichnungen, kart. ●

Lustige Tanzspiele und Scherztänze
für Parties und Feste. (0165) Von E. Bäulke, 80 S., 53 Abb., kart. ●

Straßenfeste, Flohmärkte und Basare
Praktische Tips für Organisation und Durchführung. (0592) Von H. Schuster, 96 S., 52 Fotos, 17 Zeichnungen, kart. ●●

Humor

Heitere Vorträge und witzige Reden
Lachen, Witz und gute Laune. (0149) Von E. Müller, 104 S., 44 Abb., kart. ●

Tolle Sketche
mit zündenden Pointen – zum Nachspielen. (0656) Von E. Cohrs, 112 S., kart. ●

Vergnügliche Sketche
(0476) Von H. Pillau, 96 S., mit 7 Zeichnungen, kart. ●

Heitere Vorträge
(0528) Von E. Müller, 128 S., 14 Zeichnungen, kart. ●

Die große Lachparade
Neue Texte für heitere Vorträge und Ansagen. (0188) Von E. Müller, 80 S., kart. ●

So feiert man Feste fröhlicher
Heitere Vorträge und Gedichte. (0098) Von Dr. Allos, 96 S., 15 Abb., kart. ●

Lustige Vorträge für fröhliche Feiern
(0284) Von K. Lehnhoff, 96 S., kart. ●

Vergnügliches Vortragsbuch
(0091) Von J. Plaut, 192 S., kart. ●

Locker vom Hocker
Witzige Sketche zum Nachspielen. (4262) Von W. Giller, 144 S., 41 Zeichnungen, Pappband. ●●

Fidele Sketche und heitere Vorträge
Humor zum Nachspielen. (0157) Von H. Ehnle, 96 S., kart. ●

Vorhang auf!
Neue Sketche für jung und alt. (0898) Von H. Pillau, 96 S., 22 Zeichnungen, kart. ●

Sketche und spielbare Witze
für bunte Abende und andere Feste. (0445) Von H. Friedrich, 120 S., 7 Zeichnungen, kart. ●

Sketsche
Kurzspiele zu amüsanter Unterhaltung. (0247) Von M. Gering, 132 S., 16 Abb., kart. ●

Witzige Sketche zum Nachspielen
(0511) Von D. Hallervorden, 160 S., kart. ●●

Gereimte Vorträge
für Bühne und Bütt. (0567) Von G. Wagner, 96 S., kart. ●

Damen in der Bütt
Scherze, Büttenreden, Sketsche. (0354) Von T. Müller, 136 S., kart. ●

Narren in der Bütt
Leckerbissen aus dem rheinischen Karneval. (0216) Zusammengestellt von T. Lücker, 112 S., kart. ●

Rings um den Karneval
Karnevalsscherze und Büttenreden. (0130) Von Dr. Allos, 144 S., 2 Zeichnungen, kart. ●

Helau und Alaaf 1
Närrisches aus der Bütt. (0304) Von E. Müller, 112 S., 4 Zeichnungen, kart. ●

Helau und Alaaf 2
Neue Büttenreden. (0477) Von E. Luft, 104 S., kart. ●

Helau und Alaaf 3
Neue Reden für die Bütt. (0832) Von H. Fauser, 144 S., 13 Zeichnungen, kart. ●

Wir feiern Karneval
Festgestaltung und Reden für die närrische Zeit. (0904) Von M. Zweigler, 120 S., 4 Zeichnungen, kart. ●

Humor und Stimmung
Ein heiteres Vortragsbuch. (0460) Von G. Wagner, 112 S., kart. ●

Humor und gute Laune
Ein heiteres Vortragsbuch. (0635) Von G. Wagner, 112 S., 5 Zeichnungen, kart. ●

Das große Buch der Witze
(0384) Von E. Holz, 320 S., 36 Zeichnungen, Pappband. ●●

Da lacht das Publikum
Neue lustige Vorträge für viele Gelegenheiten. (0716) Von H. Schmalenbach, 104 S., kart. ●

Witzig, witzig
(0507) Von E. Müller, 128 S., 16 Zeichnungen, kart. ●

Die besten Witze und Cartoons des Jahres 1
(0454) Hrsg. von K. Hartmann, 288 S., 125 Zeichnungen, geb. ●●

Die besten Witze und Cartoons des Jahres 2
(0488) Hrsg. von K. Hartmann, 288 S., 148 Zeichnungen, geb. ●●

Die besten Witze und Cartoons des Jahres 4
(0579) Hrsg. von K. Hartmann, 288 S., 140 Zeichnungen, Pappband. ●●

Die besten Witze und Cartoons des Jahres 5
(0642) Hrsg. von K. Hartmann, 288 S., 88 Zeichnungen, Pappband. ●●

Das Superbuch der Witze
(4146) Von B. Bornheim, 504 S., 54 Cartoons, Pappband. ●●

Witze
Lachen am laufenden Band (4241) Von J. Burkert, D. Kroppach, 400 S., 41 Zeichnungen, Pappband. ●●

Heller Wahnwitz
(0887) Von D. Kroppach, 220 S., 200 Vignetten, kart. ●

Spaßvögel
Über sexhundert komische Nummern. (0888) Von E. Zeller, mit Limericks von W. Müller, 220 S., 200 Vignetten, kart. ●

Total bescheuert
Kinder- und Schülerwitze. (0889) Von G. Geßner und E. Zeller, 220 S., 200 Vignetten, kart. ●

Die besten Beamtenwitze
(0574) Hrsg. von W. Pröve, 112 S., 59 Cartoons, kart. ●

Die besten Kalauer
(0705) Von K. Frank, 112 S., 12 Zeichnungen, kart. ●

Robert Lembkes Witzauslese
(0325) Von Robert Lembke, 160 S., 10 Zeichnungen von E. Köhler, Pappband. ●●

Fred Metzlers Witze mit Pfiff
(0368) Von F. Metzler, 112 S., kart. ●

O frivol ist mir am Abend
Pikante Witze von Fred Metzler. (0388) Von F. Metzler, 128 S., mit Karikaturen, kart. ●

Herrenwitze
(0589) Von G. Wilhelm, 112 S., 31 Zeichnungen, kart. ●

Witze am laufenden Band
(0461) Von F. Asmussen, 118 S., kart. ●

Horror zum Totlachen
Gruselwitze
(0536) Von F. Lautenschläger, 96 S., 44 Zeichnungen, kart. ●

Die besten Ostfriesenwitze
(0495) Hrsg. von O. Freese, 112 S., 17 Zeichnungen, kart. ●

Die hier vorgestellten Bücher, Videokassetten und Software sind in folgende Preisgruppen unterteilt:

● Preisgruppe bis DM 10,–/S 79,–
●● Preisgruppe über DM 10,– bis DM 20,– S 80,– bis S 160,–
●●● Preisgruppe über DM 20,– bis DM 30,– S 161,– bis S 240,–
●●●● Preisgruppe über DM 30,– bis DM 50,– S 241,– bis S 400,–
●●●●● Preisgruppe über DM 50,–/S 401,–
*(unverbindliche Preisempfehlung)

FALKEN VERLAG

Die Kleidermotte ernährt sich von nichts, sie frißt nur Löcher
Stilblüten, Sprüche und Widersprüche aus Schule, Zeitung, Rundfunk und Fernsehen. (0738) Von P. Haas, D. Kroppach, 112 S., zahlr. Abb., kart. ●

Olympische Witze
Sportlerwitze in Wort und Bild. (0505) Von W. Willnat, 112 S., 126 Zeichnungen, kart. ●

Ich lach mich kaputt! Die besten Kinderwitze
(0545) Von E. Hannemann, 128 S., 15 Zeichnungen, kart. ●

Lach mit!
Witze für Kinder, gesammelt von Kindern. (0468) Hrsg. von W. Pröve, 128 S., 17 Zeichnungen, kart. ●

Die besten Kinderwitze
(0757) Von K. Rank, 120 S., 28 Zeichnungen, kart. ●

Lustige Sketche für Jungen und Mädchen
Kurze Theaterstücke für Jungen und Mädchen. (0669) Von U. Lietz und U. Lange, 104 S., kart. ●

Spielbare Witze für Kinder
(0824) Von H. Schmalenbach, 128 S., 30 Zeichnungen, kart. ●

Natur

Falken-Handbuch
Umweltschutz
Das Öko-Testbuch zur Eigeninitiative. (4160) Von M. Häfner, 352 S., 411 Farbf., 152 Farbzeichnungen, Pappband. ●●●●

Pilze
erkennen und benennen. (0380) Von J. Raithelhuber, 136 S., 110 Farbfotos, kart. ●●

Falken-Handbuch **Pilze**
Mit über 250 Farbfotos und Rezepten. (4061) Von M. Knoop, 276 S., 250 Farbfotos, Pappband. ●●●●

Garten heute
Der moderne Ratgeber · Über 1000 Farbbilder. (4283) Von H. Jantra, 384 S., über 1000 Farbabbildungen, Pappband. ●●●●

Das Gartenjahr
Arbeitsplan für den Hobbygärtner. (4075) Von G. Bambach, 152 S., 16 Farbtafeln, 141 Abb., kart. ●●

Gartenteiche und Wasserspiele
planen, anlegen und pflegen. (4083) Von H. R. Sikora, 160 S., 31 Farb- und 31 s/w-Fotos, 73 Zeichnungen, Pappband. ●●●

Wasser im Garten
Von der Vogeltränke zum Naturteich – Natürliche Lebensräume selbst gestalten. (4230) Von H. Hendel, P. Keßeler, 240 S., 247 Farbfotos, 68 Farbzeichnungen, Pappband. ●●●●●

Mein kleiner Gartenteich
planen – anlegen – pflegen (0851) Von I. Polaschek, 144 S., 85 Farbfotos, 10 Farbzeichnungen, kart. ●●

Gärtnern
(5004) Von I. Manz, 64 S., 38 Farbfotos, Pappband. ●●

Gärtner Gustavs Gartenkalender
Arbeitspläne · Pflanzenporträts · Gartenlexikon. (4155) Von G. Schoser, 120 S., 146 Farbfotos, 13 Tabellen, 203 farbige Zeichnungen, Pappband. ●●●

Ziersträucher und -bäume im Garten
(5071) Von I. Manz, 64 S., 91 Farbfotos, Pappband. ●●

Das Blumenjahr
Arbeitsplan für drinnen und draußen. (4142) Von G. Vocke, 136 S., 15 Farbtafeln, kart. ●●

Der richtige Schnitt von Obst- und Ziergehölzen, Rosen und Hecken
(0619) Von E. Zettl, 88 S., 8 Farbtafeln, 39 Zeichnungen, 21 s/w-Fotos, kart. ●

Blumenpracht im Garten
(5014) Von I. Manz, 64 S., 93 Farbfotos, Pappband. ●●

Blütenpracht in Haus und Garten
(4145) Von M. Haberer, u. a., 352 S., 1012 Farbfotos, Pappband. ●●●●

Sag's mit Blumen
Pflege und Arrangieren von Schnittblumen. (5103) Von P. Möhring, 64 S., 68 Farbfotos, 2 s/w-Abb., Pappband. ●●

Grabgestaltung
Bepflanzung und Pflege zu jeder Jahreszeit. (5120) Von N. Uhl, 64 S., 77 Farbfotos, 2 Zeichnungen, Pappband. ●●

Wintergärten
Das Erlebnis, mit der Natur zu wohnen. Planen, Bauen und Gestalten. (4256) Von LOG, ID, 136 S., 130 Farbfotos, 107 Zeichnungen, Pappband. ●●●●

Häuser in lebendigem Grün
Fassaden und Dächer mit Pflanzen gestalten. (0846) Von U. Mehl, K. Werk, 88 S., 116 Farbfotos, 4 Farb- und 17 s/w-Zeichnungen, kart. ●●

Leben im Naturgarten
Der Biogärtner und seine gesunde Umwelt. (4124) Von N. Jorek, 128 S., 68 s/w-Fotos, kart. ●●

So wird mein Garten zum Biogarten
Alles über die Umstellung auf naturgemäßen Anbau. (0706) Von I. Gabriel, 128 S., 73 Farbfotos, 54 Farbzeichnungen, kart. ●●

Gesunde Pflanzen im Biogarten
Biologische Maßnahmen bei Schädlingsbefall und Pflanzenkrankheiten. (0707) Von I. Gabriel, 128 S., 126 Farbfotos, 12 Farbzeichnungen, kart. ●●

Kosmische Einflüsse auf unsere Gartenpflanzen
Sterne beeinflussen Wachstum und Gesundheit der Pflanzen (0708) Von I. Gabriel, 112 S., 57 Farbfotos, 43 Farbzeichnungen, kart. ●●

Der Biogarten unter Glas und Folie
Ganzjährig erfolgreich ernten. (0722) Von I. Gabriel, 128 S., 62 Farbfotos, 45 Farbzeichnungen, kart. ●●

Obst und Beeren im Biogarten
Gesunde und schmackhafte Früchte durch natürlichen Anbau. (0780) Von I. Gabriel, 128 S., 38 Farbfotos, 71 Farbzeichnungen, kart. ●●

Neuanlage eines Biogartens
Planung, Bodenvorbeitung, Gestaltung. (0721) Von I. Gabriel, 128 S., 73 Farbfotos, 39 Zeichnungen, kart. ●●

Der biologische Zier- und Wohngarten
Planen, Vorbereiten, Bepflanzen und Pflegen. (0748) Von I. Gabriel, 128 S., 72 Farbfotos, 46 Farbzeichnungen, kart. ●●

Gemüse im Biogarten
Gesunde Ernte durch naturgemäßen Anbau (0830) Von I. Gabriel, 128 S., 26 Farbfotos, 86 Farbzeichnungen, kart. ●●

Erfolgreich gärtnern
durch naturgemäßen Anbau (4252) Von I. Gabriel, 416 S., 176 Farbfotos, 212 Farbzeichnungen, Pappband. ●●●

Das Bio-Gartenjahr
Arbeitsplan für naturgemäßes Gärtnern. (4169) Von N. Jorek, 128 S., 8 Farbtafeln, 70 s/w-Abb. kart. ●●

Selbstversorgung aus dem eigenen Anbau
Reichen Erntesegen verwerten und haltbar machen. (4182) Von M. Bustorf-Hirsch, M. Hirsch, 216 S., 270 Zeichnungen, Pappband. ●●●

Mischkultur im Nutzgarten
Mit Jahreskalender und Anbauplänen. (0651) Von H. Oppel, 112 S., 8 Farbtafeln, 23 s/w-Fotos, 29 Zeichnungen, kart. ●

Erfolgreich gärtnern mit
Frühbeet und Folie
(0828) Von Dr. Gustav Schoser, 88 S., 8 Farbtafeln, 46 s/w-Fotos, kart. ●

Erfolgstips für den Gemüsegarten
Mit naturgemäßem Anbau zu höherem Ertrag. (0674) Von F. Mühl, 80 S., 30 s/w-Fotos, 4 Zeichnungen, kart. ●

Erfolgstips für den Obstgarten
Gesunde Früchte durch richtige Sortenwahl und Pflege. (0827) Von F. Mühl, 184 S., 16 Farbtafeln, 33 Zeichnungen, kart. ●●

Gemüse, Kräuter, Obst aus dem Balkongarten
– Erfolgreich ernten auf kleinstem Raum. (0694) Von S. Stein, 32 S., 34 Farbfotos, 6 Zeichnungen, Spiralbindung, kart. ●

Keime, Sprossen, Küchenkräuter
am Fenster ziehen – rund ums Jahr. (0658) Von F. und H. Jantzen, 32 S., 55 Farbfotos, Pappband. ●

Balkons in Blütenpracht
zu allen Jahreszeiten. (5047) Von N. Uhl, 64 S., 80 Farbfotos, Pappband. ●●

Kübelpflanzen
für Balkon, Terrasse und Dachgarten. (5132) Von M. Haberer, 64 S., 70 Farbfotos, Pappband. ●●

Kletterpflanzen
Rankende Begrünung für Fassade, Balkon und Garten. (5140) Von M. Haberer, 64 S., 70 Farbabb., 2 Zeichnungen, Pappband. ●●

Mein Kräutergarten rund ums Jahr
Täglich schnittfrisch und gesund würzen. (4192) Von Prof. Dr. G. Lysek, 136 S., 15 Farbtafeln, 91 Zeichnungen, kart. ●●

Blühende Zimmerpflanzen
94 Arten mit Pflegeanleitungen. (5010) Von R. Blaich, 64 S., 107 Farbfotos, Pappband. ●●

Prof. Stelzers grüne Sprechstunde
Gesunde Zimmerpflanzen
Krankheiten erkennen und behandeln · Mit neuem Diagnosesystem. (4274) Von Prof. Dr. G. Stelzer, 192 S., 410 Farbfotos, 10 s/w-Zeichnungen, Pappband. ●●●

365 Erfolgstips für schöne Zimmerpflanzen
(0893) Von H. Jantra, 144 S., 215 Farbfotos, kart. ●●

Die hier vorgestellten Bücher, Videokassetten und Software sind in folgende Preisgruppen unterteilt:

● Preisgruppe bis DM 10,–/S 79,–
●● Preisgruppe über DM 10,– bis DM 20,– S 80,– bis S 160,–
●●● Preisgruppe über DM 20,– bis DM 30,– S 161,– bis S 240,–
●●●● Preisgruppe über DM 30,– bis DM 50,– S 241,– bis S 400,–
●●●●● Preisgruppe über DM 50,–/S 401,–
*(unverbindliche Preisempfehlung)

FALKEN VERLAG

Die Preise entsprechen dem Status beim Druck dieses

Videokassette
Pflanzenjournal
Blumen- und Pflanzenpflege im Jahreslauf. (6036/VHS) ca. 30 Min., in Farbe. ●●●●*

Blütenpracht in Grolit 2000
Der neue, mühelose Weg zu farbenprächtigen Zimmerpflanzen. (5127) Von G. Vocke, 64 S., 50 Farbfotos, Pappband. ●●

Ziergräser
Über 100 Arten erfolgreich kultivieren. (0829) Von H. Jantra, 104 S., 73 Farbfotos, 6 Farbzeichnungen, kart. ●●

Bonsai
Japanische Miniaturbäume und Miniaturlandschaften. Anzucht, Gestaltung und Pflege. (4091) Von B. Lesniewicz, 160 S., 106 Farbfotos, 46 s/w-Fotos, 115 Zeichnungen, gebunden. ●●●●●

Zimmerbäume, Palmen und andere Blattpflanzen
Standort, Pflege, Vermehrung, Schädlinge. (5111) Von G. Schoser, 96 S., 98 Farbfotos, 7 Zeichnungen, Pappband. ●●

Biologisch zimmergärtnern
Zier- und Nutzpflanzen natürlich pflegen. (4144) Von N. Jorek, 152 S., 15 Farbtafeln, 120 s/w-Fotos, Pappband. ●●

Zimmerpflanzen in Hydrokultur
Leitfaden für problemlose Blumenpflege. (0660) Von H.-A. Rotter, 32 S., 76 Farbfotos, 8 farbige Zeichnungen, Pappband. ●

Sukkulenten
Mittagsblumen, Lebende Steine, Wolfsmilchgewächse u. a. (5070) Von W. Hoffmann, 64 S., 82 Farbfotos, Pappband. ●●

Kakteen und andere Sukkulenten
300 Arten mit über 500 Farbfotos. (4116) Von G. Andersohn, 316 S., 520 Farbfotos, 193 Zeichnungen, Pappband. ●●●●

Fibel für Kakteenfreunde
(0199) Von H. Herold, 102 S., 23 Farbfotos, 37 s/w-Abb., kart. ●

Kakteen
Herkunft, Anzucht, Pflege, Arten. (5021) Von W. Hoffmann, 64 S., 70 Farbfotos, Pappband. ●●

Faszinierende Formen und Farben
Kakteen
(4211) Von K. und F. Schild, 96 S., 127 Farbfotos, Pappband. ●●●

Falken-Handbuch **Orchideen**
Lebensraum, Kultur, Anzucht und Pflege. (4231) Von G. Schoser, 144 S., 121 Farbfotos, 28 Farbzeichnungen, Pappband. ●●●

Falken-Handbuch **Katzen**
(4158) Von B. Gerber, 176 S., 294 Farb- und 88 s/w-Fotos, Pappband. ●●●●

DIE TIERSPRECHSTUNDE
Junge Katzen
(0862) Von Dr. med. vet. E. M. Bartenschlager, 72 S., 40 Farbfotos, 4 Farbzeichnungen, kart. ●

Katzen
Rassen · Haltung · Pflege. (4216) Von B. Eilert-Overbeck, 96 S., 82 Farbfotos, Pappband. ●●●

Das neue Katzenbuch
Rassen – Aufzucht – Pflege. (0427) Von B. Eilert-Overbeck, 136 S., 14 Farbfotos, 26 s/w-Fotos, kart. ●

Katzenkrankheiten
Erkennung und Behandlung. Steuerung des Sexualverhaltens. (0652) Von Dr. med. vet. R. Spangenberg, 176 S., 64 s/w-Fotos, 4 Zeichnungen, kart. ●

Falken-Handbuch **Hunde**
(4118) Von H. Bielfeld, 176 S., 222 Farb- und 73 s/w-Abb., Pappband. ●●●●

Hunde
Rassen · Erziehung · Haltung. (4209) Von H. Bielfeld, 96 S., 101 Farbfotos, Pappband. ●●●

Das neue Hundebuch
Rassen · Aufzucht · Pflege. (0009) Von W. Busack, überarbeitet von Dr. med. vet. A. H. Hacker und H. Bielfeld, 112 S., 8 Farbtafeln, 27 s/w-Fotos, 6 Zeichnungen, kart. ●

Falken-Handbuch
Der Deutsche Schäferhund
(4077) Von U. Förster, 228 S., 160 Abb., Pappband. ●●●

Der Deutsche Schäferhund
Aufzucht, Pflege und Ausbildung. (0073) Von A. Hacker, 104 S., 56 Abb., kart. ●

Dackel, Teckel, Dachshund
Aufzucht · Pflege · Ausbildung. (0508) Von M. Wein-Gysae, 112 S., 4 Farbtafeln, 43 s/w-Fotos, 2 Zeichnungen, kart. ●

Hundeausbildung
Verhalten – Gehorsam – Abrichtung. (0346) Von Prof. Dr. R. Menzel, 96 S., 18 Fotos, kart. ●

Grundausbildung für Gebrauchshunde
Schäferhund, Boxer, Rottweiler, Dobermann, Riesenschnauzer, Airedaleterrier, Hovawart und Bouvier. (0801) Von M. Schmidt und W. Koch, 104 S., 8 Farbtafeln, 51 s/w-Fotos, 5 s/w-Zeichnungen, kart. ●

Hundekrankheiten
Erkennung und Behandlung, Steuerung des Sexualverhaltens. (0570) Von Dr. med. vet. R. Spangenberg, 128 S., 68 s/w-Fotos, 10 Zeichnungen, kart. ●

Falken-Handbuch **Pferde**
(4186) Von H. Werner, 176 S., 196 Farb-und 50 s/w-Fotos, 100 Zeichnungen, Pappband. ●●●●

Wellensittiche
Arten · Haltung · Pflege · Sprechunterricht · Zucht. (5136) Von H. Bielfeld, 64 S., 59 Farbfotos, Pappband. ●●

Papageien und Sittiche
Arten · Pflege · Sprechunterricht. (0591) Von H. Bielfeld, 112 S., 8 Farbtafeln, kart. ●

DIE TIERSPRECHSTUNDE
Sittiche und kleine Papageien
(0864) Von Dr. med. vet. E. M. Bartenschlager, 88 S., 84 Farbfotos, 9 Zeichnungen, kart. ●

Geflügelhaltung als Hobby
(0749) Von M. Baumeister, H. Meyer, 184 S., 8 Farbtafeln, 47 s/w-Fotos, 15 Zeichnungen, kart. ●●

DIE TIERSPRECHSTUNDE
Alles über Igel in Natur und Garten
(0810) Von Dr. med. vet. E. M. Bartenschlager, 68 S., 51 Farbfotos, kart. ●

DIE TIERSPRECHSTUNDE
Alles über Meerschweinchen
(0809) Von Dr. med. vet. E. M. Bartenschlager, 72 S., 43 Farbfotos, 11 Farbzeichnungen, kart. ●

DIE TIERSPRECHSTUNDE
Tiere im Wassergarten
(0808) Von Dr. med. vet. E. M. Bartenschlager, 96 S., 84 Farbfotos, 7 Zeichnungen, kart. ●

Das Süßwasser-Aquarium
Einrichtung · Pflege · Fische · Pflanzen. (0153) Von H. J. Mayland, 152 S., 16 Farbtafeln, 43 s/w-Zeichnungen, kart. ●●

Falken-Handbuch
Süßwasser-Aquarium
(4191) Von H. J. Mayland, 288 S., 564 Farbfotos, 75 Zeichnungen, Pappband. ●●●●

Cichliden
Pflege, Herkunft und Nachzucht der wichtigsten Buntbarscharten. (5144) Von Jo in't Veen, 96 S., 163 Farbfotos, Pappband. ●●

Gesundheit

Die Frau als Hausärztin
Der unentbehrliche Ratgeber für die Gesundheit. (4072) Von Dr. med. A. Fischer-Dückelmann, 808 S., 14 Farbtafeln, 146 s/w-Fotos, 203 Zeichnungen, Pappband. ●●●

Dr. Reitners großes Gesundheitslexikon
Mit über 5000 Stichwörtern. (4282) Von Dr. med. H.-J. Lewitzka-Reitner, in Zusammenarbeit mit P. Janknecht und U. Kannapinn, 504 S., 424 s/w-Abbildungen, Pappband. ●●

Heiltees und Kräuter für die Gesundheit
(4123) Von G. Leibold, 136 S., 15 Farbtafeln, 16 Zeichnungen, kart. ●●

Falken-Handbuch **Heilkräuter**
Modernes Lexikon der Pflanzen und Anwendungen (4076) Von G. Leibold, 392 S., 183 Farbfotos, 22 Zeichnungen, geb. ●●●●

Die farbige Kräuterfibel
Heil- und Gewürzpflanzen. (0245) Von I. Gabriel, 196 S., 49 farbige und 97 s/w-Abb., kart. ●●

Falken-Handbuch **Bio-Medizin**
Alles über die moderne Naturheilpraxis. (4136) Von G. Leibold, 552 S., 38 Farbfotos, 232 s/w-Abb., Pappband. ●●●●

Enzyme
Vitalstoffe für die Gesundheit. (0677) Von G. Leibold, 96 S., kart. ●

Heilfasten
(0713) Von G. Leibold, 108 S., kart. ●

Besser leben durch Fasten
(0841) Von G. Leibold, 100 S., kart. ●

Kneippkuren zu Hause
(0779) Von G. Leibold, 112 S., 25 Zeichnungen, kart. ●

Krebsangst und Krebs behandeln
Mit einem Vorwort von Prof. Dr. med. Friedrich Douwes. (0839) Von G. Leibold, 104 S., kart. ●

Allergien behandeln und lindern
Mit einem Vorwort von Prof. Dr. med. Axel Stemmann. (0840) Von G. Leibold, 104 S., 4 Zeichnungen, kart. ●

Die hier vorgestellten Bücher, Videokassetten und Software sind in folgende Preisgruppen unterteilt:

● Preisgruppe bis DM 10,–/S 79,–
●● Preisgruppe über DM 10,– bis DM 20,– S 80,– bis S 160,–
●●● Preisgruppe über DM 20,– bis DM 30,– S 161,– bis S 240,–
●●●● Preisgruppe über DM 30,– bis DM 50,– S 241,– bis S 400,–
●●●●● Preisgruppe über DM 50,–/S 401,–
*(unverbindliche Preisempfehlung)

FALKEN VERLAG

Rheuma behandeln und lindern
Mit einem Vorwort von
Dr. med. Max-Otto-Bruker
(0836) Von G. Leibold, 104 S., kart. ●

Die echte Schroth-Kur
(0797) Von Dr. med. R. Schroth, 88 S., 2 s/w-Fotos, kart. ●

Streß bewältigen durch Entspannung
(0834) Von Dr. med. Chr. Schenk, 88 S., 29 Zeichnungen, kart. ●

Gesundheit und Spannkraft durch Yoga
(0321) Von L. Frank und U. Ebbers, 112 S., 50 s/w-Fotos, kart. ●

Yoga für jeden
(0341) Von K. Zebroff, 156 S., 135 Abb., Spiralbindung. ●●●

Yoga für Schwangere
Der Weg zur sanften Geburt. (0777) Von V. Bolesta-Hahn, 108 S., 76 zweifarbige Abb. kart. ●●

Yoga gegen Haltungsschäden und Rückenschmerzen
(0394) Von A. Raab, 104 S., 215 Abb., kart. ●

Hypnose und Autosuggestion
Methoden – Heilwirkungen – praktische Beispiele. (0483) Von G. Leibold, 120 S., 9 Illustrationen, kart. ●

Gesund durch Gedankenenergie
Heilung im gemeinsamen Kraftfeld
(6035) Nur VHS, 45 Min., in Farbe ●●●●●*

Autogenes Training
Anwendung · Heilwirkungen · Methoden.
(0541) Von R. Faller, 128 S., 3 Zeichnungen, kart. ●

Die fernöstliche Fingerdrucktherapie Shiatsu
Anleitungen zur Selbsthilfe – Heilwirkungen. (0615) Von G. Leibold, 196 S., 180 Abb., kart. ●●

Eigenbehandlung durch Akupressur
Heilwirkungen – Energielehre – Meridiane. (0417) Von G. Leibold, 152 S., 78 Abb., kart. ●

Chinesische Naturheilverfahren
Selbstbehandlung mit bewährten Methoden der physikalischen Therapie. Atemtherapie · Heilgymnastik · Selbstmassage · Vorbeugen · Behandeln · Entspannen. (4247) Von F. Tjoeng Lie, 160 S., 292 zweifarbige Zeichnungen, Pappband. ●●●

Chinesisches Schattenboxen
Tai-Ji-Quan
für geistige und körperliche Harmonie
(0850) Von F. T. Lie, 120 S., 221 s/w-Fotos, 9 s/w-Zeichnungen, Beilage: 1 s/w-Poster mit zahlreichen Abbildungen, kart. ●●

Fit mit **Tai Chi**
als sanfte Körpererfahrung.
(2305) Von B. u. K. Moegling, 112 S., 121 Farbfotos, 6 Farb- u. 4 s/w-Zeichnungen, kart. ●●

Bauch, Taille und Hüfte gezielt formen durch
Aktiv-Yoga
(0709) Von K. Zebroff, 112 S., 102 Farbfotos, kart. ●●

10 Minuten täglich Tele-Gymnastik
(5102) Von B. Manz und K. Biermann, 128 S., 381 Abb., kart. ●●

Gesund und fit durch Gymnastik
(0366) Von H. Pilss-Samek, 132 S., 150 Abb., kart. ●

Stretching
Mit Dehnungsgymnastik zu Entspannung, Geschmeidigkeit und Wohlbefinden. (0717) Von H. Schulz, 80 S., 90 s/w-Fotos, kart. ●

Fit mit **Stretching**
(2304) Von B. Kurz, 96 S., 255 Farbfotos, kart. ●●

Gesund und leistungsfähig durch
Konditionsübungen, Fitneßtraining, Wirbelsäulengymnastik
(0844) Von R. Milser, K. Grafe, 104 S., 99 Farbfotos, 12 Farbzeichnungen, 5 s/w-Zeichnungen kart. ●●

Gesundheit durch altbewährte Kräuterrezepte und Hausmittel aus der
Natur-Apotheke
(4156) Von G. Leibold, 236 S., 8 Farbtafeln, 100 Zeichnungen, kart., ●●

Diät bei Krankheiten des Magens und Zwölffingerdarms
Rezeptteil von B. Zöllner. (3201) Von Prof. Dr. med. H. Kaess, 96 S., 4 Farbtafeln, kart. ●●

Diät bei Herzkrankheiten und Bluthochdruck
Salzarme (natriumarme) Kost. Rezeptteil von B. Zöllner. (3202) Von Prof. Dr. med. H. Rottka, 92 S., 4 Farbtafeln, kart. ●●

Diät bei Erkrankungen der Nieren, Harnwege und bei Dialysebehandlung
Völlig überarbeitete Neuauflage, durchgehend farbig bebildert.
Rezeptteil von B. Zöllner. (3203) Von Prof. Dr. med. Dr. h. c. H. J. Sarre und Prof. Dr. med. R. Kluthe, 96 S., 33 Farbfotos, 1 s/w-Zeichnung, kart. ●●

Richtige Ernährung wenn man älter wird
Völlig überarbeitete Neuauflage, durchgehend farbig bebildert.
Rezeptteil von B. Zöllner. (3204) Von Prof. Dr. med. H.-J. Pusch, Prof. Dr. N. Zöllner und Prof. Dr. G. Wolfram, 96 S., 36 Farbfotos und 3 s/w-Zeichnungen, kart. ●●

Diät bei Gicht und Harnsäuresteinen
Rezeptteil von B. Zöllner. (3205) Von Prof. Dr. med. N. Zöllner, 80 S., 4 Farbtafeln, kart. ●●

Diät bei Zuckerkrankheit
Rezeptteil von B. Zöllner. (3206) Von Prof. Dr. med. P. Dieterle, 80 S., 4 Farbtafeln, kart. ●●

Diät bei Krankheiten der Gallenblase, Leber und Bauchspeicheldrüse
Rezeptteil von B. Zöllner. (3207) Von Prof. Dr. med. H. Kasper, 88 S., 4 Farbtafeln, kart. ●●

Diät bei Störungen des Fettstoffwechsels und zur Vorbeugung der Arteriosklerose
Rezeptteil von B. Zöllner. (3208) Von Prof. Dr. med. G. Wolfram und Dr. med. O. Adam, 104 S., 4 Farbtafeln, kart. ●●

Diät bei Übergewicht
Völlig überarbeitete Neuauflage, durchgehend farbig bebildert.
Rezeptteil von B. Zöllner. (3209) Von Prof. Dr. med. Ch. Keller, 104 S., 38 Farbfotos, kart. ●●

Diät bei Darmkrankheiten
Durchfall – Divertikulose, Reizdarm und Darmträgheit – einheimische Sprue (Zöliakie) – Disaccharidasemangel – Dünndarmresektion – Dumping Syndrom. Rezeptteil von B. Zöllner. (3211) Von Prof. Dr. med. G. Strohmeyer, 88 S., 4 Farbtafeln, kart. ●●

Ballaststoffreiche Kost bei Funktionsstörungen des Darms
Rezeptteil von B. Zöllner. (3212) Von Prof. Dr. med. H. Kasper, 96 S., 34 Farbfotos, 1 s/w-Foto, kart. ●●

Bildatlas des menschlichen Körpers
(4177) Von G. Pogliani, V. Vannini, 112 S., 402 Farbabb., 28 s/w-Fotos, Pappband. ●●●

Fußmassage
Reflexzonentherapie am Fuß (0714) Von G. Leibold, 96 S., 38 Zeichnungen, kart. ●

Rheuma und Gicht
Krankheitsbilder, Behandlung, Therapieverfahren, Selbstbehandlung, richtige Lebensführung und Ernährung. (0712) Von Dr. J. Höder, J. Bandick, 104 S., kart. ●

Diabetes
Krankheitsbild, Therapie, Kontrollen, Schwangerschaft, Sport, Urlaub, Alltagsprobleme, Neueste Erkenntnisse der Diabetesforschung.
(0895) Von Dr. med. H. J. Krönke, 116 S., 4 Farbtafeln, 14 s/w-Fotos, 13 s/w-Zeichnungen, kart. ●

Krampfadern
Ursachen, Vorbeugung, Selbstbehandlung, Therapieverfahren. (0727) Von Dr. med. K. Steffens, 96 S., 38 Abb., kart. ●

Gallenleiden
Krankheitsbilder, Behandlung, Therapieverfahren, Selbstbehandlung, Richtige Lebensführung und Ernährung. (0673) Von Dr. med. K. Steffens, 104 S., 34 Zeichnungen, kart. ●

Asthma
Pseudokrupp, Bronchitis und Lungenemphysem. (0778) Von Prof. Dr. med. W. Schmidt, 120 S., 56 Zeichnungen, kart. ●

Fastenkuren
Wege zur gesunden Lebensführung.
Rezepte und Tips für die Nachfastenzeit.
Kurzfasten · Saftfastenkuren · Fastenschalttage · Heilfasten
(4248) Von Ha. A. Mehler, H. Keppler, 144 S., 14 s/w-Fotos, 9 Zeichnungen, Pappband. ●●●

Aus dem Schatz der Naturmedizin
Heilkräuterkuren
(4268) Von Dr. med. E. Rauch, Dr. rer. nat. P. Kruletz, 144 S., 49 Zeichnungen, kart. ●●

Vitamine und Ballaststoffe
So ermittle ich meinen täglichen Bedarf
(0746) Von Prof. Dr. M. Wagner, I. Bongartz, 96 S., 6 Farbabb., zahlreiche Tabellen, kart. ●

Darmleiden
Krankheitsbilder, Behandlung, Selbstbehandlung, Richtige Lebensführung und Ernährung. (0798) Von Dr. med. K. Steffens, 112 S., 46 Zeichnungen, kart. ●

Massage
(0750) Von B. Rumpler, K. Schutt, 112 S., 116 zweifarbige Zeichnungen, kart. ●●

Ratgeber Aids
Entstehung, Ansteckung, Krankheitsbilder, Heilungschancen, Schutzmaßnahmen.
(0803) Von B. Baartman, Vorwort von Dr. med. H. Jäger, 112 S., 8 Farbtafeln, 4 Grafiken, kart. ●●

Wenn Kinder krank werden
Medizinischer Ratgeber für Eltern.
(4240) Von Dr. med. I. J. Chasnoff, B. Nees-Delaval, 232 S., 163 Zeichnungen, Pappband. ●●●

Die hier vorgestellten Bücher, Videokassetten und Software sind in folgende Preisgruppen unterteilt:

● Preisgruppe bis DM 10,–/S 79,–
●● Preisgruppe über DM 10,– bis DM 20,– S 80,– bis S 160,–
●●● Preisgruppe über DM 20,– bis DM 30,– S 161,– bis S 240,–
●●●● Preisgruppe über DM 30,– bis DM 50,– S 241,– bis S 400,–
●●●●● Preisgruppe über DM 50,–/S 401,–
*(unverbindliche Preisempfehlung)

FALKEN VERLAG

Die Preise entsprechen dem Status beim Druck dieses

Ratgeber Lebenshilfe

Umgangsformen heute
Die Empfehlungen des Fachausschusses für Umgangsformen. (4015) 282 S., 160 s/w-Fotos, 25 Zeichnungen, Pappband. ●●●

Der gute Ton
Ein moderner Knigge. (0063) Von I. Wolter, 168 S., 38 Zeichnungen, 53 s/w-Fotos, kart. ●

Haushaltstips von A bis Z
(0759) Von A. Eder, 80 S., 30 Zeichnungen, kart. ●

Wir heiraten
Ratgeber zur Vorbereitung und Festgestaltung der Verlobung und Hochzeit. (4188) Von C. Poensgen, 216 S., 8 s/w-Fotos, 30 s/w-Zeichnungen, 8 Farbtafeln, Pappband. ●●

Der schön gedeckte Tisch
Vom einfachen Gedeck bis zur Festtafel stimmungsvoll und perfekt arrangiert (4246) Von H. Tapper, 112 S., 206 Farbabbildungen, 21 s/w-Abbildungen, Pappband. ●●●

Familienforschung · Ahnentafel · Wappenkunde
Wege zur eigenen Familienchronik. (0744) Von P. Bahn, 128 S., 8 Farbtafeln, 30 Abbildungen, kart. ●●

Die Kunst der freien Rede
Ein Intensivkurs mit vielen Übungen, Beispielen und Lösungen. (4189) Von G. Hirsch, 232 S., 11 Zeichnungen, Pappband. ●●●

Reden zur Taufe, Kommunion und Konfirmation
(0751) Von G. Georg, 96 S., kart. ●

Der richtige Brief zu jedem Anlaß
Das moderne Handbuch mit 400 Musterbriefen. (4179) Von H. Kirst, 376 S., Pappband. ●●●

Von der Verlobung zur Goldenen Hochzeit
(0393) Von E. Ruge, 120 S., kart. ●

Reden zur Hochzeit
Musteransprachen für Hochzeitstage. (0654) Von G. Georg, 112 S., kart. ●

Glückwünsche, Toasts und Festreden zur Hochzeit.
(0264) Von I. Wolter, 128 S., 18 Zeichnungen, kart. ●

Hochzeits- und Bierzeitungen
Muster, Tips und Anregungen. (0288) Von H.-J. Winkler, mit vielen Text- und Gestaltungsanregungen, 116 S., 15 Abb., 1 Musterzeitung, kart. ●

Kindergedichte zur Grünen, Silbernen und Goldenen Hochzeit
(0318) Von H.-J. Winkler, 104 S., 20 Abb., kart. ●

Kindergedichte für Familienfeste
(0860) Von B. H. Bull, 96 S., 20 Zeichnungen, kart. ●

Die Silberhochzeit
Vorbereitung · Einladung · Geschenkvorschläge · Dekoration · Festablauf · Menüs · Reden · Glückwünsche. (0542) Von K. F. Merkle, 120 S., 41 Zeichnungen, kart. ●

Großes Buch der Glückwünsche
(0255) Hrsg. von O. Fuhrmann, 176 S., 77 Zeichnungen und viele Gestaltungsvorschläge, kart. ●

Neue Glückwunschfibel
für Groß und Klein. (0156) Von R. Christian-Hildebrandt, 96 S., kart. ●

Glückwunschverse für Kinder
(0277) Von B. Ulrici, 80 S., kart. ●

Die Redekunst
Rhetorik · Rednererfolg (0076) Von K. Wolter, überarbeitet von Dr. W. Tappe, 80 S., kart. ●

Reden und Ansprachen
für jeden Anlaß. (4009) Hrsg. von F. Sicker, 454 S., gebunden. ●●●●

Reden zum Jubiläum
Musteransprachen für viele Gelegenheiten (0595) Von G. Georg, 112 S., kart. ●

Reden zum Ruhestand
Musteransprachen zum Abschluß des Berufslebens (0790) Von G. Georg, 104 S., kart. ●

Reden und Sprüche zu Grundsteinlegung, Richtfest und Einzug
(0598) Von A. Bruder, G. Georg, 96 S., kart. ●

Reden zu Familienfesten
Musteransprachen für viele Gelegenheiten. (0675) Von G. Georg, 108 S., kart. ●

Reden zum Geburtstag
Musteransprachen für familiäre und offizielle Anlässe. (0773) Von G. Georg, 104 S., kart. ●

Festreden und Vereinsreden
Ansprachen für festliche Gelegenheiten. (0069) Von K. Lehnhoff, E. Ruge, 88 S., kart. ●

Reden im Verein
Musteransprachen für viele Gelegenheiten. (0703) Von G. Georg, 112 S., kart. ●

Trinksprüche
Fest- und Damenreden in Reimen. (0791) Von L. Metzner, 88 S., 14 s/w-Zeichnungen, kart. ●

Trinksprüche, Richtsprüche, Gästebuchverse
(0224) Von D. Kellermann, 80 S., kart. ●

Ins Gästebuch geschrieben
(0576) Von K. H. Trabeck, 96 S., 24 Zeichnungen, kart. ●

Poesiealbumverse
Heiteres und Besinnliches. (0578) Von A. Göttling, 112 S., 20 Zeichnungen, Pappband. ●●

Verse fürs Poesiealbum
(0241) Von I. Wolter, 96 S., 20 Abb., kart. ●

Rosen, Tulpen, Nelken . . .
Beliebte Verse fürs Poesiealbum
(0431) Von W. Pröve, 96 S., 11 Faksimile-Abb., kart. ●

Der Verseschmied
Kleiner Leitfaden für Hobbydichter. Mit Reimlexikon. (0597) Von T. Parisius, 96 S., 28 Zeichnungen, kart. ●

Moderne Korrespondenz
Handbuch für erfolgreiche Briefe. (4014) Von H. Kirst und W. Manekeller, 544 S., Pappband. ●●●●

Der neue Briefsteller
Musterbriefe für alle Gelegenheiten. (0060) Von I. Wolter-Rosendorf, 112 S., kart. ●

Geschäftliche Briefe
des Privatmanns, Handwerkers, Kaufmanns. (0041) Von A. Römer, 120 S., kart. ●

Behördenkorrespondenz
Musterbriefe – Anträge – Einsprüche. (0412) Von E. Ruge, 120 S., kart. ●

Musterbriefe
für alle Gelegenheiten. (0231) Hrsg. von O. Fuhrmann, 240 S., kart. ●

Privatbriefe
Muster für alle Gelegenheiten. (0114) Von I. Wolter-Rosendorf, 132 S., kart. ●

Briefe zu Geburt und Taufe
Glückwünsche und Danksagungen. (0802) Von H. Beitz, 96 S., 12 Zeichnungen, kart. ●

Briefe zum Geburtstag
Glückwünsche und Danksagungen (0822) Von H. Beitz, 104 S., 22 Zeichnungen, kart. ●

Briefe zur Hochzeit
Glückwünsche und Danksagungen (0852) Von R. Röngen, 96 S., 1 Zeichnung, 39 Vignetten, kart. ●

Briefe der Liebe
Anregungen für gefühlvolle und zärtliche Worte. (0903) Hrsg. von H. Beitz, 96 S., 4 Zeichnungen, kart. ●

Erfolgstips für den Schriftverkehr
Briefwechsel leicht gemacht durch einfachen Stil und klaren Ausdruck (0678) Von U. Schoenwald, 120 S., kart. ●

Worte und Briefe der Anteilnahme
(0464) Von E. Ruge, 128 S., mit vielen Abb., kart. ●

Reden in Trauerfällen
Musteransprachen für Beerdigungen und Trauerfeiern (0736) Von G. Georg, 104 S., kart. ●

Lebenslauf und Bewerbung
Beispiele für Inhalt, Form und Aufbau. (0428) Von H. Friedrich, 112 S., kart. ●

Erfolgreiche Bewerbungsbriefe und Bewerbungsformen.
(0138) Von W. Manekeller, 88 S., kart. ●

Die erfolgreiche Bewerbung
Bewerbung und Vorstellung. (0173) Von W. Manekeller, 156 S., kart. ●

Die Bewerbung
Der moderne Ratgeber für Bewerbungsbriefe, Lebenslauf und Vorstellungsgespräche. (4138) Von W. Manekeller, 264 S., Pappband. ●●

Vorstellungsgespräche
sicher und erfolgreich führen. (0636) Von H. Friedrich, 144 S., kart. ●

Keine Angst vor Einstellungstests
Ein Ratgeber für Bewerber. (0793) Von Ch. Titze, 120 S., 67 Zeichnungen, kart. ●

99 Alternativen für Umsteiger
Mehr Freude am Leben mit dem richtigen Beruf. (4251) Von D. Maxeiner, P. Birkenmeier, 192 S., 143 Fotos, 46 Zeichnungen, kart. ●●●

So werde ich erfolgreich
Ratschläge und Tips für Beruf und Privatleben. (0918) Von H. Hans, 104 S., kart. ●●

Die ersten Tage am neuen Arbeitsplatz
Ratschläge für den richtigen Umgang mit Kollegen und Vorgesetzten (0855) Von H. Friedrich, 104 S., kart. ●

Zeugnisse im Beruf
richtig schreiben, richtig verstehen. (0544) Von H. Friedrich, 112 S., kart. ●

In Anerkennung Ihrer . . . .
Lob und Würdigung in Briefen und Reden.
(0535) Von H. Friedrich, 136 S., kart. ●

Erfolgreiche Kaufmannspraxis
Wirtschaftliche Grundlagen, Geld, Kreditwesen, Steuern, Betriebsführung, Recht, EDV. (4046) Von W. Göhler, H. Gölz, M. Heibel, Dr. D. Machenheimer, 544 S., gebunden. ●●●●

Die hier vorgestellten Bücher, Videokassetten und Software sind in folgende Preisgruppen unterteilt:

● Preisgruppe bis DM 10,–/S 79,–
●● Preisgruppe über DM 10,– bis DM 20,– S 80,– bis S 160,–
●●● Preisgruppe über DM 20,– bis DM 30,– S 161,– bis S 240,–
●●●● Preisgruppe über DM 30,– bis DM 50,– S 241,– bis S 400,–
●●●●● Preisgruppe über DM 50,–/S 401,–
*(unverbindliche Preisempfehlung)

Wege zum Börsenerfolg
Aktien · Anleihen · Optionen
(4275) Von H. Krause, 252 S., 4 s/w-Fotos, 86 Zeichnungen, Pappband. ●●●

Mietrecht
Leitfaden für Mieter und Vermieter. (0479) Von J. Beuthner, 196 S., kart. ●●

Familienrecht
Ehe – Scheidung – Unterhalt. (4190) Von T. Drewes, R. Hollender, 368 S., Pappband. ●●●

Erziehungsgeld, Mutterschutz, Erziehungsurlaub
Alles über das neue Recht für Eltern. Mit den Gesetzestexten. (0835) Von J. Grönert, 144 S., kart. ●●

Scheidung und Unterhalt
nach dem neuen Eherecht. Mit dem Unterhaltsänderungsgesetz 1986.
(0403) Von Rechtsanwalt H. T. Drewes, 112 S., mit Kosten- und Unterhaltstabellen, kart. ●

Präzise Ratschläge für
Ihre optimale Rente
Vorbereitung · Berechnungsgrundlagen · Gesetzesänderungen · Individuelle Rechenbeispiele. (0806) Von K. Möcks, 96 S., 24 Formulare, 1 Graphik, kart. ●

Testament und Erbschaft
Erbfolge, Rechte und Pflichten der Erben, Erbschafts- und Schenkungssteuer, Mustertestamente. (4139) Von T. Drewes, R. Hollender, 304 S., Pappband. ●●●

Erbrecht und Testament
Mit Erläuterungen des Erbschaftssteuergesetzes von 1974. (0046) Von Dr. jur. H. Wandrey, 124 S., kart. ●

Endlich 18 und nun?
Rechte und Pflichten mit der Volljährigkeit. (0646) Von R. Rathgeber, 224 S., 27 Zeichnungen, kart. ●●

Was heißt hier minderjährig?
(0765) Von R. Rathgeber, C. Rummel, 148 S., 50 Fotos, 25 Zeichnungen, kart. ●●

Erfolgreiche Bewerbung um einen Ausbildungsplatz
(0715) Von H. Friedrich, 136 S., kart. ●

Elternsache Grundschule
(0692) Hrsg. von K. Meynersen, 324 S., kart. ●●●

Sexualberatung
(0402) Von Dr. M. Röhl, 168 S., 8 Farbtafeln, 17 Zeichnungen, Pappband. ●●

Die Kunst des Stillens
nach neuesten Erkenntnissen
(0701) Von Prof. Dr. med. E. Schmidt/ S. Brunn, 112 S., 20 Fotos und Zeichnungen, kart. ●

Wenn Sie ein Kind bekommen
(4003) Von U. Klamroth, Dr. med. H. Oster, 240 S., 86 s/w-Fotos, 30 Zeichnungen, kart. ●●●

Der moderne Ratgeber
Wir werden Eltern
Schwangerschaft · Geburt · Erziehung des Kleinkindes. (4269) Von B. Nees-Delaval, 376 S., 335 zweifarbige Abbildungen, Pappband. ●●●●

Vorbereitung auf die Geburt
Schwangerschaftsgymnastik, Atmung, Rückbildungsgymnastik. (0251) Von S. Buchholz, 112 S., 98 s/w-Fotos, kart. ●

Wie soll es heißen?
(0211) Von D. Köhr, 136 S., kart. ●

Das Babybuch
Pflege · Ernährung · Entwicklung. (0531) Von A. Burkert, 128 S., 16 Farbtafeln, 38 s/w-Fotos, 30 Zeichnungen, kart. ●●

Wenn der Mensch zum Vater wird
Ein heiter-besinnlicher Ratgeber. (4259) Von D. Zimmer, 160 S., 20 Zeichnungen, Pappband. ●●

Die neue Lebenshilfe **Biorhythmik**
Höhen und Tiefen der persönlichen Lebenskurven vorausberechnen und danach handeln. (0458) Von W. A. Appel, 157 S., 63 Zeichnungen, Pappband. ●●

Neue Erkenntnisse zum Biorhythmus
Individuelle Rhythmogramme für Berufserfolg und Gesundheit, Partnerschaft und Freizeit. Beilage: Tagesformplaner.
(4276) Von H. Bott, 144 S., 35 s/w-Zeichnungen, Pappband. ●●●

Vom Urkrümel zum Atompilz
Evolution – Ursache und Ausweg aus der Krise. (4181) Von J. Voigt, 188 S., 20 Farb- und 70 s/w-Fotos, 32 Zeichnungen, kart. ●●

Neues Denken – alte Geister
New Age unter der Lupe.
(4278) Von G. Myrell, Dr. W. Schmandt, J. Voigt, 176 S., 54 Farbfotos, 3 Zeichnungen, kart. ●●

Dinosaurier
und andere Tiere der Urzeit. (4219) Von G. Alschner, 96 S., 81 Farbzeichnungen, 4 Fotos, Pappband. ●●●

Der Sklave Calvisius
Alltag in einer römischen Provinz 150 n. Chr. (4058) Von A. Ammermann, T. Röhrig, G. Schmidt, 120 S., 99 Farbabb., 47 s/w-Abb., Pappband. ●●

ZDF · ORF · DRS
Kompaß Jugend-Lexikon
(4096) Von R. Kerler, J. Blum, 336 S., 766 Farbfotos, 39 s/w-Abb., Pappband. ●●●●

Psycho-Tests
– Erkennen Sie sich selbst. (0710) Von B. M. Nash, R. B. Monchick, 304 S., 81 Zeichnungen, kart. ●●

FALKEN-SOFTWARE
Ego-Tests
Sich und andere besser erkennen und verstehen. (7012) Diskette für IBM PC kompatible (MS DOS) mit Begleitheft. ●●●●●*

Falken-Handbuch **Astrologie**
Charakterkunde · Schicksal · Liebe und Beruf · Berechnung und Deutung von Horoskopen · Aszendententabelle. (4068) Von B. A. Mertz, 342 S., mit 60 erläuternden Grafiken, Pappband. ●●●

Die Magie der Zahlen
So nutzen Sie die Geheimnisse der Numerologie für Ihr persönliches Glück mit dem völlig neuen Planetennumeroskop
(4242) Von B. A. Mertz, 224 S., 36 Abbildungen, Pappband. ●●●

Selbst Wahrsagen mit Karten
Die Zukunft in Liebe, Beruf und Finanzen. (0404) Von R. Koch, 112 S., 252 Abb., Pappband. ●●

Weissagen, Hellsehen, Kartenlegen . . .
Wie jeder die geheimen Kräfte ergründen und für sich nutzen kann. (4153) Von G. Haddenbach, 192 S., 40 Zeichnungen, Pappband. ●●

Frauenträume, Männerträume
und ihre Bedeutung. (4198) Von G. Senger, 272 S., mit Traumlexikon, Pappband. ●●●

Wie Sie im Schlaf das Leben meistern
Schöpferisch träumen
Der Klartraum als Lebenshilfe.
(4258) Von Prof. Dr. P. Tholey, K. Utecht, 256 S., 1 s/w-Foto, 20 Zeichnungen, Pappband. ●●●

Wahrsagen mit Tarot-Karten
(0482) Von E. J. Nigg, 112 S., 4 Farbtafeln, 52 s/w-Abb., Pappband. ●●

Aztekenhoroskop
Deutung von Liebe und Schicksal nach dem Aztekenkalender. (0543) Von C.-M. und R. Kerler, 160 S., 20 Zeichnungen, Pappband. ●●

Was sagt uns das Horoskop?
Praktische Einführung in die Astrologie. (0655) Von B. A. Mertz, 176 S., 25 Zeichnungen, kart. ●

Das Super-Horoskop
Der neue Weg zur Deutung von Charaker, Liebe und Schicksal nach chinesischer und abendländischer Astrologie. (0465) Von G. Haddenbach, 175 S., kart. ●

Liebeshoroskop für die 12 Sternzeichen
Alles über Chancen, Beziehungen, Erotik, Zärtlichkeit, Leidenschaft. (0587) Von G. Haddenbach, 144 S., 11 Zeichnungen, kart. ●

Die 12 Sternzeichen
Charakter, Liebe und Schicksal. (0385) Von G. Haddenbach, 160 S., Pappband. ●●

Die 12 Tierzeichen im chinesischen Horoskop
(0423) Von G. Haddenbach, 128 S., Pappband. ●

Sternstunden
für Liebe, Glück und Geld, Berufserfolg und Gesundheit. Das ganz persönliche Mitbringsel für Widder (0621), Stier (0622), Zwillinge (0623), Krebs (0624), Löwe (0625), Jungfrau (0626), Waage (0627), Skorpion (0628), Schütze (0629), Steinbock (0630), Wassermann (0631), Fische (0632) Von L. Cancer, 62 S., durchgehend farbig, Zeichnungen, Pappband. ●

So deutet man Träume
Die Bildersprache des Unbewußten. (0444) Von G. Haddenbach, 160 S., Pappband. ●

Die Familie im Horoskop
Glück und Harmonie gemeinsam erleben – Probleme und Gegensätze verstehen und tolerieren. (4161) Von B. A. Mertz, 296 S., 40 Zeichnungen, kart. ●●

Erkennen Sie Psyche und Charakter durch
Handdeutung
(4176) Von B. A. Mertz, 252 S., 9 s/w-Fotos, 160 Zeichnungen, Pappband. ●●●●

Falken-Handbuch **Kartenlegen**
Wahrsagen mit Tarot-, Skat-, Lenormand- und Zigeunerblättern.
(4226) Von B. A. Mertz, 288 S., 38 Farb- und 108 s/w-Abb. Pappband. ●●●●

I Ging der Liebe
Das altchinesische Orakel für Partnerschaft und Ehe. (4244) Von G. Damian-Knight, 320 S., 64 s/w-Zeichnungen, Pappband. ●●●

Bauernregeln, Bauernweisheiten, Bauernsprüche
(4243) Von G. Haddenbach, 192 S., 62 Farbabb. 9 s/w-Fotos, 144 s/w-Zeichnungen, Pappband. ●●●

Die hier vorgestellten Bücher, Videokassetten und Software sind in folgende Preisgruppen unterteilt:

● Preisgruppe bis DM 10.–/S 79.–
●● Preisgruppe über DM 10.– bis DM 20.– S 80.– bis S 160.–
●●● Preisgruppe über DM 20.– bis DM 30.– S 161.– bis S 240.–
●●●● Preisgruppe über DM 30.– bis DM 50.– S 241.– bis S 400.–
●●●●● Preisgruppe über DM 50.–/S 401.–
*(unverbindliche Preisempfehlung)

FALKEN VERLAG

Die Preise entsprechen dem Status beim Druck dieses

Neue Medien

Programm und Publikum
Der ständige Versuch einer Annäherung. Beiträge und Reden über das öffentlich-rechtliche Fernsehen. (0874) Von A. Schardt, 167 S., kart. ●●

Computer Grundwissen
Eine Einführung in Funktion und Einsatzmöglichkeiten. (4302) Von W. Bauer, 176 Seiten, 193 Farb- und 12 s/w-Fotos, 37 Computergrafiken, kart., ●●●
(4301) Pappband, ●●●●

Einführung in die Programmiersprache BASIC. (4303) Von S. Curran und R. Curnow, 192 S., 92 Zeichnungen, kart. ●●

Intelligenz in BASIC
für Schneider CPC 464/664/6128. Mit Diskette 3". (4320) Von K.-H. Koch, 160 S., 14 Zeichnungen, kart. ●●●●●

Lernen mit dem Computer. (4304) Von S. Curran und R. Curnow, 144 S., 34 Zeichnungen, Spiralbindung, ●●

Computerspiele, Grafik und Musik
(4305) Von S. Curran und R. Curnow, 147 S., 46 Zeichnungen, Spiralbindung. ●●

dBase III
Einführung für Einsteiger und Nachschlagewerk für Profis. (4310) Von J. Brehm, G. A. Karl, 211 S., 23 Abb., kart. ●●●●●

Das Medienpaket
Buch und Programmdiskette „dBase III" zusammen (4312) ●●●●●

Garantiert BASIC lernen mit dem C 128
Mit kompletter Kurs-Diskette (4321) Von A. Görgens, 288 S., 4 s/w-Fotos, 83 Zeichnungen, kart. ●●●●

Grundwissen Informationsverarbeitung
(4314) Von H. Schiro, 312 S., 59 s/w-Fotos, 133 s/w-Zeichnungen, Pappband. ●●●●●

Heimcomputer-Bastelkiste
Messen, Steuern, Regeln mit C 64-, Apple II-, MSX-, TANDY-, MC-, Atari- und Sinclair-Computern. (4309) Von G. A. Karl, 256 S., 160 Zeichnungen, kart. ●●●●

WORDSTAR 2000
Textverarbeitung für Einsteiger und Profis Mit erprobten Anwendungen aus der Praxis. (4317) Von D. Nasser, 200 S., 9 s/w-Fotos, 3 Zeichnungen, kart. ●●●●●

Drucker und Plotter
Text und Grafik für Ihren Computer. (4315) Von K.-H. Koch, 192 S., 12 Farbtafeln, 5 s/w-Fotos, kart. ●●●●

Computergrafik
Von den Grundlagen bis zum perfekten 3 D-Programm. (4319) Von A. Brück, 296 S., 20 Farbtafeln, 180 s/w-Grafiken, 50 s/w- Zeichnungen, 83 Listings, Pappband. ●●●●●

Textverarbeitung mit Home- und Personal-Computern
Systeme – Vergleiche – Anwendungen. (4316) Von A. Görgens, 128 S., 49 s/w-Fotos, kart. ●●●

Die tägliche PC-Praxis
Anwendungshilfen, Programme und Erweiterungen für MS-DOS-Computer (4322) Von A. Görgens, 224 S., 25 Abbildungen, kart. ●●●●

FALKEN PC PRAXIS
Desktop Publishing
Setzen und Drucken auf dem Schreibtisch. (4323) Von A. Görgens, 120 S., 11 s/w-Fotos, 72 Zeichnungen, kart. ●●●

Maschinenschreiben
In 10 Tagen spielend gelernt. Von Unterrichtsmedien Hoppius. (7008) Diskette für den C 64 und C 128 PC ●●●●*
(Best.-Nr. Ariolasoft: 72631)
(7009) für IBM + kompatible, ●●●●●*
(Best.-Nr. Ariolasoft: 78631)
(7010) für Schneider CPC 464, 664, 6128. ●●●●●*
(Best.-Nr. Ariolasoft: 74631)

Lernhilfen

Deutsch – Ihre neue Sprache.
Grundbuch (0327) Von H.-J. Demetz und J. M. Puente, 204 S., mit über 200 Abb., kart. ●●

Maschinenschreiben für Kinder
(0274) Von H. Kaus, 48 S., farbige Abb., kart. ●

So lernt man leicht und schnell
Maschinenschreiben
Lehrbuch für Selbstunterricht und Kurse. (0568) Von J. W. Wagner, 112 S., 31 s/w-Fotos, 36 Zeichnungen, kart. ●●

Maschinenschreiben durch Selbstunterricht
(0170) Von A. Fonfara, 84 S., kart. ●

Stenografie leicht gelernt
im Kursus oder Selbstunterricht. (0266) Von H. Kaus, 64 S., kart. ●

Buchführung
leicht gefaßt. Ein Leitfaden für Handwerker und Gewerbetreibende. (0127) Von R. Pohl. 104 S., kart. ●

Buchführung leicht gemacht
Ein methodischer Grundkurs für den Selbstunterricht. (4238) Von D. Machenheimer, R. Kersten, 252 S., Pappband. ●●●

Schülerlexikon der Mathematik
Formeln, Übungen und Begriffserklärungen für die Klassen 5–10. (0430) Von R. Müller, 176 S., 96 Zeichnungen, kart. ●

Mathematik verständlich
Zahlenbereiche Mengenlehre, Algebra, Geometrie, Wahrscheinlichkeitsrechnung, Kaufmännisches Rechnen. (4135) Von R. Müller, 652 S., 10 s/w- und 109 Farbfotos, 802 farbige und 79 s/w-Zeichnungen, über 2500 Beispiele und Übungen mit Lösungen, Pappband. ●●●●●

Mathematische Formeln für Schule und Beruf
Mit Beispielen und Erklärungen. (0499) Von R. Müller, 156 S., 210 Zeichnungen, kart. ●

Rechnen aufgefrischt
für Schule und Beruf. (0100) Von H. Rausch, 144 S., kart. ●

Mehr Erfolg in der Schule
Der Deutschaufsatz
Übungen und Beispiele für die Klassen 5 – 10. (4271) Von K. Schreiner, 240 S., 4 s/w-Fotos, 51 Zeichnungen, Pappband. ●●●

Mehr Erfolg in Schule und Beruf
Besseres Deutsch
Mit Übungen und Beispielen für Rechtschreibung, Diktate, Zeichensetzung, Aufsätze, Grammatik, Literaturbetrachtung, Stil, Briefe, Fremdwörter, Reden. (4115) Von K. Schreiner, 444 S., 7 s/w-Fotos, 27 Zeichnungen, Pappband. ●●●

Richtiges Deutsch
Rechtschreibung · Zeichensetzung · Grammatik · Stilkunde. (0551) Von K. Schreiner, 128 S., 7 Zeichnungen, kart. ●

Diktate besser schreiben
Übungen zur Rechtschreibung für die Klassen 4–8. (0469) Von K. Schreiner, 152 S., 31 Zeichnungen, kart. ●

Aufsätze besser schreiben
Förderkurs für die Klassen 4–10. (0429) Von K. Schreiner, 144 S., 4 s/w-Fotos, 27 Zeichnungen, kart. ●

Deutsche Grammatik
Ein Lern- und Übungsbuch. (0704) Von K. Schreiner, 112 S., kart. ●

Besseres Englisch
Grammatik und Übungen für die Klassen 5 bis 10. (0745) Von E. Henrichs, 144 S., ●●

The Grammar Master
Englische Grammatik üben und beherrschen. (7002) Von Data Beutner. Diskette für den C 64, C 128 (im 64er Modus) ●●●●*

Richtige Zeichensetzung
durch neue, vereinfachte Regeln. Erläuterungen der Zweifelsfragen anhand vieler Beispiele. (0774) Von Prof. Dr. Ch. Stetter, 160 S., kart. ●

Richtige Groß- und Kleinschreibung
durch neue, vereinfachte Regeln. Erläuterungen der Zweifelsfragen anhand vieler Beispiele. (0897) Von Prof. Dr. Ch. Stetter, 96 S., kart. ●

Die hier vorgestellten Bücher, Videokassetten und Software sind in folgende Preisgruppen unterteilt:

● Preisgruppe bis DM 10,–/S 79,–
●● Preisgruppe über DM 10,– bis DM 20,– S 80,– bis S 160,–
●●● Preisgruppe über DM 20,– bis DM 30,– S 161,– bis S 240,–
●●●● Preisgruppe über DM 30,– bis DM 50,– S 241,– bis S 400,–
●●●●● Preisgruppe über DM 50,–/S 401,–
*(unverbindliche Preisempfehlung)

FALKEN VERLAG

BIBLIOTHECA ÆSTHETICA

Carmina Burana

Ein bibliophiles Dokument von einzigartiger kulturgeschichtlicher Bedeutung.

(492) Von Ingrid Schade, 128 Seiten, Faksimile-Druck, Leinen-Einband mit Prägung, im Schuber, mit 24seitiger Beilage, numerierte und handsignierte Auflage von 999 Exemplaren.
DM 498,– S 3980.–

Bestellschein

Erfüllungsort und Gerichtsstand für Vollkaufleute ist der jeweilige Sitz der Lieferfirma. Für alle übrigen Kunden gilt dieser Gerichtsstand für das Mahnverfahren. Falls durch besondere Umstände Preisänderungen notwendig werden, erfolgt Auftragserledigung zu dem bei der Lieferung gültigen Preis. Ich bestelle hiermit aus dem Falken-Verlag GmbH, Postfach 11 20, D-6272 Niedernhausen/Ts., durch die Buchhandlung:

Ex. ______

Ex. ______

Ex. ______

Ex. ______

Name: ______

Straße: ______ Ort: ______

Datum: ______ Unterschrift: ______

FALKEN VERLAG

 Für die Schweiz: sFr.-Preise gemäß Preisauszeichnung in der Buchhandlung